함께하는 세상을 선물해준

아내에게

&

또 하나의 세상을 안겨준

아들을 위해

연봉을 2배로 만드는

초필사력

연봉을 2배로 만드는
초필사력

초판 1쇄 인쇄 2024년 6월 21일
초판 1쇄 발행 2024년 7월 5일

지은이 이광호

발행인 백유미 조영석
발행처 (주)라온아시아
주소 서울특별시 서초구 방배로 180 스파크플러스 3F

등록 2016년 7월 5일 제 2016-000141호
전화 070-7600-8230   **팩스** 070-4754-2473

값 19,500원
ISBN 979-11-6958-114-1 (13320)

라온북은 독자 여러분의 소중한 원고를 기다리고 있습니다. (raonbook@raonasia.co.kr)

연봉을
2배로
만드는

초필사력

Super Power

읽고 쓰고 명상하고
행동을 시스템화하라

펜 끝에 올라탄
당신의 브랜드가
세상에서 길을 찾는다!

이광호 지음

운명을 바꾸는
창조적 지식 활동,
필사를 통한
통찰을 경험하라

슈퍼파워
초필사력
자동화 5단계
노하우

필사는 텍스트를 관통해 행동력을 높여 준다.

필사는 당신의 머릿속 아이디어를 붙잡는 지식의 그물이다.

필사는 기억을 선명하게 만드는 강력한 힘을 지녔다.

필사는 오감을 통해 더욱 완전한 독서를 이루어
세계를 온전하게 이해하도록 한다.

RAON
BOOK

RAON
BOOK

아직 자신의 브랜드를 찾지 못한 당신에게

✏ 필사가 바꾼 내 인생

좋아하는 일을 하면서 돈도 버는 세상이 되었다. 한 가지라도 잘하면 전문가로 인정받는다. 그렇게 브랜딩 된 사람은 직장인의 연봉을 월 수익으로 벌어들이기도 한다.

시청 근무하는 10년 차 공무원 지인이 해준 얘기다. 전에 근무하던 공익근무요원이 몇 달 전 인사하러 찾아왔다. 사무실에서 게임, 인터넷 쇼핑, 잦은 통화로 그렇게 성실하지는 않았던 친구라 의외였다고 한다. 그 청년은 복무 기간 중 온라인 쇼핑에 관심이 많아 자기 쇼핑몰을 개설했다. 요즘 그게 잘 돼서 한 달에 2천쯤 수익이 난다고 한다. 근무할 때 잘해줘서 고마움을 표시하고 싶어 밥 사주러 온 게 진짜 이유란다. 그날 오후 지인은 일이 손에 잡히지 않았다.

'나는 도대체 뭘 해야 하나?' 이 질문이 그분을 괴롭혔을 것이다. 평범한 우리는 가까이 전문가의 삶을 볼 때마다 비슷한 생각을 한다. 결혼 후 5년 마흔둘이 될 때까지 직장인으로 살면서 나도 이 질문을 끌어안고 살았다. 오랜 시간 불쑥불쑥 불안이 찾아왔다. 어느 날 기회를 만났다.

필사가 인생을 바꿔놓았다. 2018년 1월 도서관에서 독서법 책을 훑어보면서 필사 효과를 처음 접하게 되었다. 그날 처음으로 노트에 인상적인 문장을 쓰면서 책을 읽었다. 한 권 읽고 정리한 기록을 보니 뿌듯했다. 쓰는 게 재미있었다. 그때부터 책과 함께 필사 노트를 가지고 다녔다. 노트가 늘어날수록 좋은 생각과 습관이 함께 쌓여갔다. 지금은 직장인이자 사장으로 살고 있다. 여전히 필사는 중요한 하루 루틴 중 하나다. 이른 새벽 긍정 확언을 쓰고, 운동하고, 명상하면서 하루를 준비한다. 5년 전 나와 비교하면 너무 큰 변화다. 무엇보다 확실한 꿈을 찾아서 기쁘다. 이 모든 변화의 시작은 필사였다.

✏️ 행동을 이끄는 힘

쓰면서 책을 읽는 것은 장점이 많다. 내가 처음 필사할 때 느낀 것은 '남는 독서'라는 것이다. 책 한 권을 읽었는데 말할 내용이 생각나지 않을 때의 허무함을 잘 안다. 필사는 그 자체로 책 읽은 시간을 보상해 준다. 인상 깊은 구절과 새로운 생각이 적혀 있는 필사 노트를 보면 그냥 기분이 좋다. 시간을 헛되이 보내지 않았다는 생각이 든다. 보상이 즉각적이니 책 읽는 게 더 즐겁 다.

필사는 행동력을 높여준다. 필사 노트에는 책 내용만 적혀있 는 게 아니다. 내 생각, 감정, 지식, 계획… 머릿속에 일어나는 중 요한 아이디어는 모두 필사 노트에 붙잡아 둔다. 자극받았을 때 바로 행동할 수 있도록 노트에 실행 계획을 바로 세운다. 필사할 수록 기록이 생활화된다. 그 힘이 얼마나 큰지 알기 때문이다. 기록은 기획, 실행, 성과, 수정에 이르기까지 모든 행동을 눈으 로 확인할 수 있게 해준다. 나를 측정하고 개선을 돕는다. 그래 서 필사는 기록하는 습관을 통해 실천력을 키워준다.

필사는 기억을 선명하게 만든다. 울림 있는 문장을 읽고, 쓰 고, 요약하면서 반복이 자연스럽게 이뤄진다. 한 번 읽고 넘어가 는 것과 '기억의 해상도'가 다르다. 이미지를 그리거나 마인드맵 을 추가하면 더 분명하게 내용이 정리되고 설명이 쉽다. 시험 준 비 때는 필기를 당연하게 여긴다. 책 읽을 때는 한 번 본 걸 기억 할 거라 믿는다. 그리고 곧 망각한다. 필사하면 기록한 내용을 쉽게 반복해서 볼 수 있다. 그만큼 기억의 양과 질이 모두 좋아 진다.

필사 덕분에 큰 세상을 알게 되었다. 나를 찾게 되었다. 이것 은 엄격히 말하면 독서가 안겨준 선물이다. 필사 없이 그렇게 많은 책과 가까워질 수 있었을지 생각해봤다. 힘들었을 것이다. 난 마흔이 넘어서도 내게 무슨 재능이 있는지 찾지 못했다. 어떤 특별함이 숨겨져 있는지 알 수 없었다. 아마 평범한 사람 중에서도 '극평범층'에 속할 것이다. 그런 내가 필사 덕분에 양서를 많이 만날 수 있었다. '거인의 어깨'에 자주 올라 먼 세상을 바라볼 수 있었다. 필사 노트가 쌓이고 여러 생각이 연결될수록 날 바라보는 시선이 달라졌다. 단점보다는 괜찮은 점에 주목했다. 아쉬움보다는 가능성에 초점을 맞추기 시작했다. 그렇게 스스로 격려하면서 조금씩 성장했다. 지금은 내 안이 '되고 싶은 나'로 가득하다.

✏️ 필사 길라잡이

필사에 관한 아무런 배경지식 없이 무작정 읽으면서 썼다. 쓰면서 읽는 게 왜 효과적인지 이유도 모른 채 그냥 노트에 적었다. 필사 힘의 근거를 알아보고 싶었다. 좀 더 설득력 있는 자료로 확신을 주며 필사를 권하고 싶었다.

Part1은 기록하는 습관으로 성공한 사람과 필사의 필요성에 관해 이야기하려고 한다. 변화의 시대를 살아내기 위해 왜 필사가 중요한지 알아보고자 한다. Part2는 필사로 바뀐 내 일상을 자세히 그려볼 예정이다. 개인의 경험만큼 훌륭한 근거자료는 없으니까. Part3는 구체적 필사법과 함께 나만의 필사 시스템을 소개하려 한다. 지식을 효과적으로 통제하기 위해 만든 Second Brain에 관한 이야기를 덧붙였다.

'실수해도 세상은 당신을 용서한다. 하지만 행동하지 않으면 삶이 용서하지 않을 것이다.' 필사 노트에서 다이어리로 옮긴 문장이다. 시작하게 만드는 힘이 느껴진다. 글은 쓴 사람의 생각과 감정을 고스란히 담고 있다. 필사는 명확한 생각과 힘센 감정을 모아두었다가 필요할 때 떠올리게 만든다.

누구나 행동하면 자기 이름으로 살아갈 수 있는 시대다. 당신이 어디에서 무엇을 하든 어제는 운명이고, 내일은 선택이며, 오늘은 기회라는 것을 기억했으면 좋겠다. 기회가 왔다. 자, 이제 필사의 세계로 함께 떠나보자.

Contents

Part. I　　생각을 행동으로 바꾸는 힘

Chapter.1

왜 필사인가?

Part. II　　필사로 만난 또 하나의 나

Chapter.1

연봉 2배 자동 수익 시스템을 만들다

Chapter. 2

믿기지 않는 내 몸을 만나다

Chapter. 3

흔들리지 않는 일상을 세우다

Chapter. 4

퍼스널 브랜딩을 시작하다

Part. III 초필사력 자동화 5단계

Chapter. 1

한 문장을 따라 쓴다

Chapter. 2

이미지를 그린다

Chapter. 3

하나로 요약한다

Chapter. 4

세컨드 브레인으로 통제한다

Chapter. 5

행동을 시스템화한다

Part. I

생각을 행동으로 바꾸는 힘

Chapter.1

왜 필사인가?

사라지는
내 자리

직업이 사라지고 있다. 생기는 속도보다 더 빠르게 일자리를 AI가 차지하고 있다. 나와 무관한 얘기처럼 들릴 수 있다. PC 정비사나 회사 경리원도 지난날 비슷한 생각을 했을 것이다. 호출기 판매점, 비디오 대여점, 만화방…. 변화의 밀물 속에 수장된 상점들은 또 얼마나 많은가. 조금만 시선을 돌려보자. 삶의 긴장감이 조금 높아질 것이다.

2023년 11월 6일 샌프란시스코에서 오픈 AI 첫 개발자 회의가 열렸다. 오픈 AI CEO 샘 알트먼은 저렴한 가격에 더 많은 기능을 수행하는 ChatGPT 터보 버전을 자세히 소개했다. 보는 내내 신기하기보다 두려웠다. 해당 프로그램을 이용하는 지구인은 1주일 평균 1억 명이 넘는다. 2백만 명 이상의 개발자가 활동하고 《포춘》 선정 500대 기업 92%가 ChatGPT를 업무에 활용하고 있다. 그런데 입력은 3배, 출력은 2배 가격을 낮추고 성능을 80% 가까이 높인 챗봇을 내 놓았다. 기능, 비용, 관리 어느 측면을 보더라도 회사가 인간을 고용할 이유는 사라지고 있다.

당장 없어질 위험에 처한 직업이 줄을 섰다. 프로젝트에 맞는 이미지를 완성하느라 밤샘 근무하는 그래픽 디자이너가 불필요해졌다. 음성으로 원하는 앱의 기능과 결과를 설명하면 AI가 코딩까지 알아서 해주니 프로그래머 또한 설 곳이 없다. 영상 편집 기술자도 마찬가지다. ChatGPT가 더 잘할 수 있는 영역에서 일하는 사람은 회의를 지켜보며 공포가 전해졌을 것이다. 무인 키오스크가 계산원 자리를 점령한 시간이 겨우 5년도 채 되지 않는다. 로봇이 인간 세상을 점령 중이다. 판이 바뀌고 있다.

스탠퍼드 대학과 구글의 딥 마인드 합작품인 '알로하 프로젝트'를 보면 변화의 시대를 더 실감한다. 모바일 알로하 로봇이 요리하는 장면을 확인해보라. 달걀을 깨서 그릇에 넣고 껍질을 버리는 장면, 프라이팬 손잡이를 잡고 다른 한 손으로 뒤집개를 이용해 달걀부침을 뒤집는 장면, 양파 조각을 뿌려서 올려주는 장면까지 영락없이 인간을 닮았다.

알로하 로봇은 사람에게 직접 배우기도 하고 스스로 학습하기도 한다. 50번 연습으로 80% 이상 그대로 동작을 수행한다.

50명이 가르치면 그 모든 학습 기억을 한 번에 흡수한다. 1시간 피아노 연주 훈련을 1만 명의 연주자가 동시에 진행하면 '1만 시간의 법칙'을 단 1시간에 달성하는 것이다.

더욱 놀라운 것은 로봇 가격이다. 3만 2천 달러, 4천만 원 남짓한 돈으로 개인이 구매할 수 있다. 집 안 정리, 요리, 화장실 청소에 이르기까지 모든 노동을 이 '모바일 알로하'에 위임할 수 있다. 무임으로 말이다. 로봇 관련 소스는 모두 공개되어 있다. 지구 단위의 두뇌를 만들어 전 세계에 확산시키겠다는 의도로 보인다. 세상 곳곳에서 학습시킨 동작과 프로세스를 한 곳에 연결하면 가정과 기업에서 세계적 전문가 수준의 로봇을 파트너로 둘 수 있다.

변화의 파고가 높다. 어떻게 해야 우리는 새 시대에 살아남을 수 있을까? 무슨 일을 해야 AI와 경쟁하지 않고 고유의 일자리를 만들어낼 수 있을까?

무엇보다 자기를 알아야 한다. 어떤 사람인지 알아야 그에 걸맞은 길을 찾을 수 있다. 새로움과 만나야 한다. 새로운 곳을 여행하고, 새로운 사람을 만나고, 새로운 생각을 접해야 한다. 이 모든 게 많은 시간과 비용을 요구한다. 다행히 최저 시간과 비용으로 최고의 효과를 가져오는 방법이 있다. 독서다.

우리는 시대와 공간을 초월하여 책 속에서 현자를 만날 수 있다. 그들의 도전, 실패, 성공 전 과정을 바로 곁에서 지켜볼 수 있다. 단 몇 시간을 투자하여 수십 년의 시행착오와 깨달음을 한꺼번에 내 안으로 데려올 수 있다.

✏️ 책만 읽는다면 모든 게 해결될 수 있을까?

기록해야 한다. 인간은 오감을 통해 정보를 받아들인다. 그중 으뜸은 시각이다. 뇌에서 처리하는 정보의 60% 이상이 시각 자료다. 기록하지 않는 모든 기억은 사라진다. 기억에만 의존해 어떻게 그 수많은 만남을 내 것으로 만들 수 있겠는가.

CT 촬영, 초음파 사진, MRI, 공통점이 있다. 모두 보이지 않는 것을 보여주는 의학 장비다. 병원을 방문하면 현재 몸 상태를 시각 정보로 확인하는 게 첫 절차다. 눈으로 확인해야 진단하고 치료 여부를 결정한다. 생각도 마찬가지다. 눈으로 볼 수 있어야 한다. 생각을 문자에 담아야 내 현 위치를 가늠할 수 있다. 독서를 통해 활자화된 좋은 생각을 자주 봐야 그 생각을 닮을 수 있다.

도미니칸 대학 심리학 교수 게일 매튜스의 목표 설정 연구에 따르면, 목표를 손으로 쓰는 사람이 그렇지 않은 사람보다 달성률이 42% 더 높다고 한다. 손글씨는 최대 1만 가지 움직임을 수반하고 수천 개 신경회로를 만든다. 목표에 강력한 애착을 갖게

하고 의욕을 불러일으킨다. 원하는 바를 글로 쓰면 RAS(망상활성계: 뇌의 동기 부여 센터)를 활성화하여 잠재의식이 목표 달성 방법을 찾도록 만든다. 쓰기가 강력한 무기가 될 수 있음을 증명하고 있다.

지난 5년 필사 기록이 일상을 근본적으로 바꿨다. 그 이유를 찾는 과정에서 필사 독서로 명성을 얻은 수많은 사람을 발견했다. 구체적 과정이나 방법은 조금씩 다르지만 큰 틀에서 독서하고 기록하는 학습법을 고수하는 게 그들의 공통점이다. 시대를 막론하고 이 방법을 통해 자기를 찾았다. 세상을 알고 자신의 자리를 확고히 만들었다.

하늘은 재능 없는 자를 낳지 아니하고, 땅은 이름 없는 풀을 키우지 않는다고 했다. 보잘것없는 잡초 하나도 저마다 이름이 있다. 싹트는 순간부터 끊임없이 성장한다. 끝내 꽃을 피우고 열매 맺는다. 한낱 풀 한 포기도 '나다움'을 제대로 안다. 고유 향을 내뿜으며 당당히 살아간다. 사람이 어찌 그보다 못하겠는가. 아직 발견하지 못한 재능을 찾아 나만의 직업을 만들자. 로봇이 없앤 그 일자리 위에 새로운 내 공간을 창조하자. 흔들리는 시대에 흔들리지 않는 존재감을 세우는 것이다.

성공한 리더들의
공통분모

첫인상이 강렬했던 시 한 편이 있다. 작가 헤밍웨이가 쓴 〈책들〉이라는 제목의 시다.

이 세상 모든 책이
그대에게 행복을 가져다주지는 않는다.
하지만 남몰래 가만히 알려주지
그대 자신 속으로 돌아가는 길을

그대에게 필요한 것은 모두 거기에 있지
해와 달과 별
그대가 찾던 빛은

그대 자신 속에 깃들어 있으니

그대가 오랫동안 책 속에 파묻혀
구하던 지혜
펼치는 곳마다 환히 빛나니
이제는 그대의 것이리.

짧지만 책의 의미를 압축적으로 담고 있다. 적절한 배경 화면을 찾아 인쇄해서 책상에 두었다. 책 속에 길이 있다고 흔히 말한다. 아니다. 책 속엔 모든 게 있었다. 참모습, 원하는 미래, 세상의 민낯, 인간 본성, 알고 싶은 모든 게 문자로 그려져 있다. 행간에 숨어 있기도 하다. 때로 어두운 마음에 빛을 비춰 이미 존재했던 답을 발견하게 한다.

독서는 중요하다. 음식을 먹지 않으면 몸은 에너지를 얻을 수 없다. 책을 읽지 않으면 정신도 에너지를 얻기 힘들다. 필사 효용성을 입증하기 위한 여정의 첫 단계는 단연 독서가 중요함을 마음에 새기는 것이다. 필사는 독서 방법의 하나다. 책을 읽지 않으면 필사는 시작조차 할 수 없다.

자신의 이름을 세상에 남긴 많은 사람이 있다. 그들이 강조한 성공 비법 중 빠지지 않는 요소가 바로 책 읽기다. 한 사회를 풍미한 사람이든, 현시대를 선도하는 사람이든 책을 가까이한다는 공통분모를 가진다. 독서란 과연 어떤 의미를 지니는지 그들의 말을 되짚어 보자.

세계적 투자가 워런 버핏은 독서광이다. 2024년 1월 기준 순자산 약 162조를 보유한 그는 매일 책 읽는 데 5시간 이상을 투자한다. 그는 인생을 가장 짧은 시간에 가장 위대하게 바꿔줄 방법은 독서만 한 게 없다고 했다. 그에게 책 읽기는 수익성이 가장 큰 투자 행위다. 여전히 실천하고 있는 하루 500페이지 독서 습관이 그 수익률의 크기를 명확히 증명해 준다. 책 읽기에 대한 기자 물음에 그는 다음과 같이 짧게 말했다.

> "매일 500페이지를 읽으세요. 지식은 복리이자 쌓이는 것처럼 작동합니다. 여러분 모두 할 수 있지만, 장담컨대 많은 이들이 하지 않을 것입니다."

버크셔 해서웨이 부사장이자 워런 버핏의 절친한 친구로 알려진 찰리 멍거 또한 독서를 강조했다. 그는 책 읽지 않는 사람 중 지혜로운 자를 살면서 단 한 명도 보지 못했다고 했다. 끊임없는 독서와 생각만으로도 우리는 일할 필요가 없는 상태가 된다고까지 주장했다. 2023년 11월 아흔아홉 삶을 마감할 때까지, 그는 지혜를 얻기 위해 매일 책과 함께 일정 시간을 보냈다.

"책을 읽지 않는 사람은 시간적 공간적으로 자기 세계에 감금되어 있다."

작가 임어당의 말이다. 그는 중국의 지성을 대표하는 세계적 인물로 우리에게는 《생활의 발견》 저자로 더 잘 알려져 있다. 생애 78권의 저서를 남기며 중국 문학을 영어로 번역하여 세계에 알린 장본인이기도 하다. 책 읽는 게 일상의 중심이었던 그는 책속에 모든 지혜와 지식이 담겨있다고 믿었다.

"청년으로서 글 읽기는 울타리 사이 달을 보는 것과 같고, 중년으로서 글 읽기는 집 뜰에서 달을 보는 것과 같으며, 노년의 글 읽는 것은 발코니에서 달을 바라보는 것과 같다."

삶의 성숙도에 따라 독서의 깊이가 다르고, 그 반대의 경우도 성립할 수 있음을 강조한 바 있다.

"고기는 씹을수록 맛이 나고 책도 읽을수록 맛이 난다. 다시 읽으면서 처음에 지나쳤던 것을 발견하고 새롭게 생각하는 것이다. 말하자면 100번 읽고 100번 익히는 셈이다."

세종대왕의 말씀이다. 고유명사처럼 이름에 '대왕'이란 칭호를 붙인 조선의 성군이다. 그는 어렸을 적부터 책을 너무 사랑했다. 건강이 염려되어 아버지가 방 안 책을 모두 치워버릴 정도였다. 그러나 병풍 뒤에 남겨진 책 한 권을 발견하고 그 책만 서른 번 넘게 읽었다. 그는 책을 읽지 못하는 백성을 가엾게 여겨《훈민정음》을 반포했다. 《농사직설》과 《삼강행실도》를 편찬하여 백성의 더 나은 삶을 만드는 데 헌신했다. 국가 지도자가 책을 사랑했을 때 어떤 태평성대를 가져올 수 있는지 업적을 되돌아보면 여실히 드러난다.

> "눈 내리는 밤에 글을 읽거나 맑은 새벽에 책을 펼칠 때 조금이라도 나태한 생각이 일어나면 문득 달빛 아래서 입김을 불며 언 손을 녹이는 선비가 떠올라 정신이 번쩍 뜨이지 않은 적이 없었다. 더위를 물리치는 데 책 읽는 것만큼 좋은 것이 없다. 책을 읽을 때는 몸이 치우치거나 기울어지지 않아 마음에 중심을 잡게 되어 나쁜 기운이 들어오지 못한다."

또 한 명의 성군으로 꼽히는 정조대왕도 책 사랑이 남달랐다. 1814년 신하들과의 어록을 모아 편찬한 《일성록(日省錄)》은 그의 삶 중심부에 독서가 얼마나 공고히 잡고 있었는지 보여준다. 말단 벼슬아치와의 단독 토론도 꺼리지 않았던 그는 학문적 자존감이 대단했다. 이는 인재 양성과 개혁 세력의 수용으로 이어져 조선의 두 번째 태평성대를 이끌었다.

담금질이 강철 제작의 필수 과정이듯, 독서는 원하는 사람이 되기 위한 필수 절차다. 위대한 지도자의 책 읽기 태도는 확고하다. 꾸준히 자세히 반복해서 읽는다. 지혜의 보고가 책 속에 있음을 잊지 않고 매일 독서한다. 책과 함께하는 삶이 몸에 배야 필사도 그 생명력을 유지할 수 있다.

필사 실천가를
만나다

3

조선 시대 필사 전문가를 만났다. 그 시대 이름있는 학자 중 다수는 독서와 기록을 병행했다. 인상적 구절을 따로 적고 자신 만의 생각을 메모했다. 한 글자, 한 글자 곱씹고 자기 것으로 소화해야만 책을 읽었다고 믿었다. 그들이 암송을 선호했던 이유 는 책 없이도 책 읽기를 실천하기 위함이었다. 선조들은 지식의 폭보다는 깊이를 훨씬 중요시한 것으로 보인다. 다독을 목적으 로 책장을 쉽게 넘기는 요즘 독서 트렌드와 대비된다.

간서치(看書癡), **'책만 보는 바보'**라는 뜻이다. 자신을 스스로 이렇게 부르며 평생 책 읽는 것을 사랑했던 사람이 있다. 규장각 검서관을 지낸 이덕무다. 이덕무는 그 누구보다 필사에 진심이었다. 저서 《사소절》에 나온 그의 독서법을 살펴보자.

"대체로 글이란 눈으로 보고 입으로 읽는 것보다 손으로 직접 한 번 써 보는 것이 백 배 낫다. 손이 움직이는 대로 반드시 마음이 따르므로, 20번을 읽고 외운다고 하더라도 힘들여 한 번 써 보는 것만 못하기 때문이다. 하물며 가장 중요한 내용을 밝혀낸다면 일을 살피는 데 자세하지 않을 수 없고, 갖추어진 이치를 반드시 끄집어낸다면 생각하는 것이 정확하고 세밀하지 않을 수 있겠는가? 또 그 가운데 같거나 다른 내용을 깊게 살피고, 옳고 그른 점을 판단해 의심나는 곳을 기록한 다음에 잘잘못을 가리는 자신의 이론과 논리를 덧붙여 보라. 그렇게 되면 지혜는 더욱 깊어질 것이고, 마음이 누리는 안정은 더욱 단단해질 것이다."

1793년 이덕무가 죽자 30년 지기 친구 박지원이 행장을 남겼다. 그는 이덕무의 올곧은 성품, 해박한 지식, 단아한 말투를 다시 볼 수 없음에 슬퍼했다. 그가 쓴 행장엔 이덕무의 남다른 책 사랑과 필사 독서법이 다음과 같이 언급되어 있다.

"늘 책을 볼 때면 그 책을 다 읽은 다음에 꼭 베끼곤 했다. 그리고 항상 작은 책을 소매 속에 넣고 다니면서 주막이나 배에서도 보았다. 그래서 집에는 비록 책이 없었지만, 책을 쌓아둔 것과 다름없었다. 평생 읽은 책이 거의 2만 권이 넘었고, 손수 베낀 문자가 또한 수백 권이 되는데 그 글씨가 반듯하고 아무리 바빠도 속자(俗字)를 쓴 것은 한 글자도 없었다."

이덕무만큼 책 읽기와 메모에 집착했던 이를 현대 유럽에서도 찾아볼 수 있다. 독일 사회학자 니콜라스 루만이다. '제텔카스텐(메모상자)'이라는 지식 관리 시스템을 만든 사람으로 유명하다. 그는 매일 책을 읽으며 6개 메모를 작성하여 70권 저서와 400여 논문을 발표했다. 9만여 개의 메모를 서로 연결하고 분류해서 상자에 보관한 결과였다. 그는 A6 메모에 원문을 적고, 자기 생각을 덧붙이고, 새로운 주제와 연결하려 노력했다. 필사 노트를 주제별로 나눠 상자에 보관한 것이다. 출간 목적으로 읽기와 쓰기를 병행하는 모습이 초서(抄書) 독서법과도 닮았다.

필사는 효과적인 지식 습득법일 뿐만 아니라, 훌륭한 저자가 되기 위한 준비 과정이기도 하다. 500여 권의 저서를 남긴 다산 정약용 선생은 초서 독서법으로 잘 알려진 인물이다. 그의 저서와 아들에게 보낸 편지글에서 초서하면서 책 읽는 것을 강조했다. 그의 책 읽기는 늘 출간을 향한다. 읽고 이해하는 데서 끝나는 게 아니다. 책 내용과 본인 생각을 적절히 조합하여 또 한 권의 새로운 책을 탄생시켰다. 그는 다음 출간 예정인 책의 목차를 미리 짜놓고 독서를 시작했다. 관련 내용을 발견하면 실시간 편집으로 다음 책 내용의 일부를 완성한 것이다. 다음은 독서와 함께 옮겨 적기를 강조한 그의 말이다.

> "옛사람들은 책을 읽다가 요긴한 대목을 만나면 곁에 쌓아 둔 종이를 꺼내 옮겨 적었다. 이렇게 적은 쪽지들이 상자에 잔뜩 쌓인다. 그러면 어느 날 계기를 마련하여 상자를 열고 그 안의 내용들을 하나하나 검토한다. 초록할 당시에 이미 주견이 서 있었으므로, 갈래별로 분류하는 것은 그다지 어려운 일이 아니었다."

필사를 실천하여 다수의 책을 출간한 유명인이 오늘날에도 존재한다. 소설 《깊은 슬픔》과 《엄마를 부탁해》로 잘 알려진 작가 신경숙은 필사를 시작하면서 작가가 되겠다는 확신을 굳혔다. 그녀는 첫 필사의 경험을 산문집 《아름다운 그늘》에서 다음과 같이 밝힌다.

> "그냥 눈으로 읽을 때와 한 자 한 자 노트에 옮겨 적어 볼 때와 그 소설들의 느낌은 달랐다. 소설 밑바닥으로 흐르고 있는 양감을 훨씬 세밀하게 느낄 수가 있었다. 그 부조리들, 그 절망감들, 그 미학들. 필사하면서 나는 처음으로 '이게 아닌데'라는 생각에서 벗어날 수 있었다. 이것이

다. 나는 이 길로 가리라. 필사하는 동안의 그 황홀함은 내가 살면서 무슨 일을 할 것인가를 각인시켜준 독특한 체험이었다."

산문뿐만 아니라 운문에서도 필사는 거장을 탄생케 했다.

"연탄재 함부로 발로 차지 마라.
너는 누구에게 한 번이라도 따뜻한 사람이었느냐."

〈너에게 묻는다〉를 쓴 시인 안도현은 대학 시절 백석 시인의 시를 베껴 썼다. 백석 시인의 제자가 되리라 마음먹고 필사에 매진했다. 〈시와 연애하는 법〉이라는 칼럼에서 그는 베껴 쓰기의 효과를 다음과 같은 비유로 설명했다.

"시의 앞날이 잘 보이지 않을 때, 어쩌다 눈에 번쩍 띄는 시를 한 편 만났을 때, 짝사랑하고 싶은 시인이 생겼을 때 당신은 꼭 베껴 쓰는 일을 주저하지 마라. 그러면 시집이라는 알 속에 갇혀있던 시가 날개를 달고 당신의 가슴 한쪽으로 날아올 것이다."

질은 양보다 중요하다. 시간, 사람, 자본, 그리고 책 읽기 모두가 그렇다. 단지 양만 많다고 좋은 게 아니다. 후회하는 시간은 많을수록 고통이 크다. 부정적인 친구는 많을수록 미래가 암울해진다. 채무로 구성된 자본은 늘어날수록 위험부담이 커진다. 독서량만 많다고 의식의 변화가 자동으로 일어나지 않는다. 성찰과 상상이 어우러진 책 읽기는 단 한 번을 읽어도 변화의 힘이 강력하다. 삶을 나은 방향으로 인도한다.

　필사는 독서의 질을 끌어올리는 작업이다. 천천히 읽고 사색하고 저자와 자기 생각을 글로 옮긴다. 실천하는 나를 그려보고 미래 구상을 기록하면 새로운 에너지를 얻는다. 지식과 실천 사이 다리를 놓아 주는 게 바로 필사다. 동서양을 막론하고 필사 독서는 위인들의 독서법이었다. 제대로 읽어야 생각의 폭과 깊이가 커진다.

독서와 필사, 그리고 뇌과학

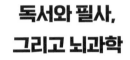

많은 위인이 필사의 힘을 증명한다. 앞서 언급한 사람들 외에도 필사를 사랑했던 거장은 더 있다. 레오나르도 다빈치는 원전 필사 독서법을 자주 사용했다. 그는 라틴어 문법책과 유클리드의 수학 관련 저서를 베끼면서 생각하는 힘을 키웠다. 독서 노트를 애용했던 그는 새로운 지식을 꼼꼼히 정리하고, 사색의 결과물을 그림으로 남겼다. 이런 체계적인 독서법 덕분에 남다른 식견을 가질 수 있었다. 아직도 시대를 초월한 천재로 불린다.

필사는 역사뿐 아니라 생물학에서도 그 영향력을 확인할 수 있다.

독서가 뇌에 미치는 영향력을 먼저 살펴보자. 미국 클리블랜드 병원 신경과학자 광예(Guang Yue) 박사는 '상상 근육 단련' 훈

런을 실험했다. 피실험자는 모니터에 출력된 선을 위로 끌어올린다고 상상한다. 실험은 매회 10~15초, 총 50회 반복하여 15분가량 진행되었다. 이때 선은 피실험자 의지와 상관없이 자동으로 올라가며 상하 반복운동 하도록 설계되었다. 피실험자는 자신이 그것을 조종한다고 상상한다.

4개월 훈련 결과 놀라운 일이 벌어졌다. 남녀노소를 막론하고 실험참가자 근육이 평균 15% 정도 증가했다. 간접 경험만으로도 몸과 뇌에 변화를 만들어낼 수 있음을 증명한 것이다. 독서 중 이뤄지는 상상과 감정이입, 그리고 의지를 다지는 행위가 실제 신체적 변화를 가져온다는 것을 과학적으로 입증한 셈이다.

EBS 다큐멘터리 〈책맹 인류〉에서 독서 효과를 직접적으로 보여주는 실험이 있다. 한 초등학교 5학년 학생을 두 그룹으로 나눈다. 한 편은 장 지오노의 책 《나무를 심은 사람》을 40분 동안 읽도록 한다. 다른 한 편은 해당 책을 주제로 한 영화를 감상한다. 독서와 영상 시청이 끝나고 두 그룹 모두에게 《나무를 심은 사람》의 아래 구절을 읽어주고 해당 장면을 그림으로 표현하도록 했다.

> "나는 만들어진 샘에 물이 넘쳐흐르는 것을 보았다.
> 그리고 나를 가장 감동케 한 것은 그 샘 곁에 이미 네 살
> 쯤 되어 보이는 보리수가 심겨 있는 것이었다. 벌써 잎이
> 무성하게 자란 이 나무는 부활의 상징임을 보여주고 있

었다."

각 그룹이 제출한 그림은 마치 미리 짠 것처럼 극명한 차이를 보였다. 독서 모둠은 우물 모습이 제각각이다. 등장인물, 보리수 모양과 색깔까지 개성과 특색이 드러난 그림을 그렸다. 그리고 각자의 이야기를 그림에 녹여 왜 그런 그림을 그렸는지 자세히 설명했다. 영상 시청 모둠의 일부는 영화 제목조차 제대로 기억하지 못했다. 선생님이 네 번 이상 그 제목을 언급하는데도 말이다. 우물 모습은 영상에서 봤던 형태를 크게 벗어나지 못한다. 보리수가 무엇인지에 대한 물음도 애매하고 개념도 잘 잡히지 않았다.

독서는 고도의 정신 기능 발달 과정이다. 영상을 볼 때 뇌는 언어와 청각을 담당하는 측두엽과 시각 정보를 처리하는 후두엽이 자극된다. 하지만 책을 읽을 때는 인지와 사고 기능을 수행하는 전두엽이 크게 활성화된다. 우리는 이야기하기, 말하기, 기억하기, 학습하기, 시력, 의사소통 등 거의 모든 능력을 총동원하여 읽기를 수행한다. 뇌가 전 영역의 불을 환하게 밝힌다.

독서는 '지적 스위트 스폿'을 제공한다. 대니얼 코일의 《탤런트 코드》는 심층 연습을 통한 신경회로의 미엘린화가 천재적 재능을 만든다고 강조한다. 미엘린이란 기술 신경 회로를 감싸고 있는 절연층으로 특정 신호에 반응할 때 두꺼워진다. 미엘린을

두껍게 만들어 기술을 자동화하는데, 핵심이 '최적 지점(Sweet Spot)'을 찾는 것이다. 자기 능력과 도달해야 할 목표 간 격차가 가장 작은 지점을 일컫는 이 스위트 스폿은 기술 습득 속도를 올리는 열쇠가 된다. 책 읽는 내내 새로운 내용은 배경지식과 결합한다. 스위트 스폿을 자연스럽게 찾아낸다. 신경세포끼리 정보 전달 속도를 높임으로써 생각 회로의 미엘린화를 돕는다. 천재적 사고력을 키우기 위한 완벽한 연습이 독서인 것이다. 세계적인 스포츠 선수들은 하나같이 스위트 스폿을 찾아 매일 연습한다.

"손은 바깥으로 드러난 또 하나의 두뇌다."

칸트의 말이다. 촉각세포와 모세혈관의 70%가 손에 몰려 있다. 1만 7,000여 개의 신경이 손에서 출발하여 온몸으로 연결된다. 뇌의 명령을 수행하는 운동기관인 손은 뇌에 가장 많은 정보를 제공하는 감각기관이다. 손 사용은 혈액순환을 돕고 전두엽을 자극한다. 한국이 세계 지능지수 1위를 기록하는 이유를 둥근 쇠젓가락 사용과 문맹률 최하위를 가능케 한 한글을 쓰기 때문이라고 분석하는 사람들이 있다. 손을 쓴다는 것은 그만큼 뇌 기능 향상과 고등사고 능력에 밀접한 연관을 맺고 있다. 책 읽을 때 손도 부지런히 움직여야만 하는 이유가 바로 여기에 있다.

〈그림1〉 호문쿨루스

호문쿨루스(Homunculus)라는 '기형 인간'이 있다. 〈그림1〉은 뇌 신경 비율에 상응하는 인간 몸을 형상화한 것이다. 캐나다 신경외과 의사 윌더 팬필드가 제시한 개념이다. 그는 환자 뇌에 전기자극을 줬을 때 어느 신체 부위가 반응하는지를 알아냈다. 몸 각 부위가 뇌에서 얼마만큼의 영역을 차지하고 있는지 실험했다. 그림에서 보는 바와 같이 손, 입술, 혀가 두드러진다. 모두 언어와 연관된 부위다. 손은 수많은 소리와 일치하는 문자를 정확히 그린다. 입술과 혀는 조음기관으로 생각과 감정을 음성으로 나타낸다. 손은 글말을, 입술과 혀는 입말을 책임지고 있다. 그중 손이 유독 크게 보인다. 칸트의 말처럼 손은 대뇌 기능의 일부를 위임받은 신체 기관이다.

책은 경험의 보고다. 사람은 책 속에서 주인공으로, 저자로, 혹은 관찰자로 고유의 경험을 쌓는다. 그것은 실제 겪은 게 아닐지라도 뇌를 변하게 만들고 몸을 바꾼다. 독서는 힘이 세다. '손으로 책 읽기'는 이 힘센 독서에 날개를 더하는 것이다. 필사는 스쳐 가는 생각을 붙잡아둔다. 책 내용과 내 생각을 시각화한다. 뇌의 전 영역 활성화에 공헌한다. 쓰는 동안 다른 대상에 눈길을 주지 못하게 함으로써 집중하게 만든다. 역사가 보여주었다. 과학이 다시 필사 독서의 힘을 입증한다.

위기가 몰고 온
기회

~~~ **5** ~~~

"기준이는 학원을 다섯 군데나 다닌대. 영어가 부족한 것 같아 과외를 알아보는 중이래. 알파수학학원이 강사진이 좋대. 거기는 벌써 4학년 과정까지 끝냈다고 하던데."

"……"

"민지는 방문학습 교사가 과목별로 매일 온대. 학습량도 체크하고 부족한 부분은 알아서 보충 수업을 해준다네. 학교 줄넘기 수행평가 있잖아. 그거 대비해서 줄넘기 학원 알아보는 중이라고 하네. 대단해."

"……"

초등학교 2학년 아들 같은 반 엄마 모임을 다녀온 후, 아내와 나눈 대화다. 언제부턴가 학원 밀집도가 교육 환경을 평가하는 척도가 되었다. 부모는 아이가 좋은 학원에 다니면서 우등생으로 커 주길 바란다. 명문대 입학과 대기업 취업, 남들이 부러워하는 삶을 아이가 누리길 원한다. 사표를 가슴에 품고 조직의 일원으로 소비되고 있는 어느 '김 과장'의 일상이 아이의 미래인지 묻고 싶다.

있어야 준다. 꿈도 지혜도 그렇다. 없는 것을 주려고 애쓰다 보면 부작용이 생긴다. 어떻게 교육해야 할지 모르니 불안이 커진다. 좀 더 많은 학원에 보내면 불안이 사라질 것이라 기대한다. 열 살도 안 된 아이의 퇴근 시간이 아빠의 귀가 시간보다 늦다. 엄마의 불안을 아이의 불행으로 지우려는 시도 때문이다. 아이 교육의 책임을 끊임없이 타인에게 떠넘기려 해서다.

철학이 분명하고 가치의 우선순위가 확고한 부모는 자기 삶이 먼저임을 안다. 정직하게 자기 탁월성을 높이는 데 집중한다. 가장 훌륭한 교육은 직접 보여주기임을 안다. 부모의 성장이 곧 아이의 성공 나침반이 된다.

성장은 생각의 변화에서 출발한다. 만나면 변한다. 새로운 사람, 환경, 경험과 마주하는 방법 중 최고는 책을 펼치는 것이다. 성공하는 이들의 주변엔 늘 책이 있다. 책은 'Time Slip(과거, 현재, 미래를 오가는 시간 여행)' 기능이 있다. 책 속엔 원하는 시대와 공간으로 들어가는 문이 있다. 책장을 넘기는 순간 정확히 그곳으로 나를 데려다준다. 무한 만남의 광장이 펼쳐진다.

우리는 '읽지 않는 시대'에 살고 있다. 대한민국 성인 절반이 1년에 책 한 권도 읽지 않는다. 청소년 독서율 그래프는 어른의 독서 감소 추세를 그대로 따라가고 있다. 독서 필요성을 못 느낀다는 사람은 갈수록 늘어만 간다. 그들은 인터넷 검색으로 언제든지 원하는 정보를 찾을 수 있다고 말한다. 유튜브를 통해 짧은 시간에 더 재밌게 정보를 흡수할 수 있다고 주장한다. 이 바쁜 세상에 왜 굳이 책을 읽어야 하는지 모르겠다며 의아해한다.

우리나라는 왜 이렇게 책을 멀리하게 되었을까? 2013년 스트래티지 애널리스틱스 조사 보고서에 따르면, 2012년 기준 스마트폰 보급률에서 한국은 압도적으로 세계 1위를 기록했다. 세계 평균이 10명 중 1.48명인데 반해 우리는 6.76명이었다. 문화체육관광부의 국민독서실태조사를 보면 성인 독서율이 2013년을 기점으로 급격히 하락한다. 스마트폰이 독서 감소의 주범이라 볼 수 있는 대목이다. 우연이라고 보기엔 그 시점과 읽지 않는 원인 통계표가 너무 정확하다. 이런 현상은 비단 우리나라에만 국한되지 않는다. 다른 나라에서도 독서 인구는 4차 산업혁명의 도래와 함께 꾸준히 감소하고 있다.

✏ 세계는 지금 '문해력 전쟁'을 치르고 있다

"모든 어린이, 청소년, 성인은 적절한 문해력을 갖출

권리가 있습니다. 이미 기초 교육 과정에서 읽기 능력의 차이가 발생하고 있고, 특히 젊은이들 사이에서 문해력이 떨어지는 사람이 증가하고 있으므로 국가적, 지역적으로 이 흐름을 바꾸기 위한 구체적인 전략이 필요합니다."

- 핀란드, 국가교육위원회, 2021년

교육 선진국이라 불리는 핀란드에서도 책 읽지 않는 문화를 국가적으로 경계하며 대책 마련에 고심하고 있다. 영국에서는 학생 독서율 제고를 위해 프리미어리그 선수까지 활용한다. 프로 축구 선수들이 아이들과 함께 책 이야기를 나눌 수 있는 프로그램을 만들었다. 미국은 전 과목에서 문해력 기르는 것을 최우선 과제로 삼는 교육과정이 확산되고 있다. 문해력 신장을 위한 교과서를 따로 만들어 텍스트를 읽고 이해하는 능력을 지식 습득보다 우선시한다.

영상이나 검색만으로는 언어 뇌를 발달시킬 수 없다. '코로나 키즈' 중 말하지 않는 아이 비율이 압도적으로 높은 이유는 우연이 아니다. 거리두기와 가정 체류 기간이 늘면서 아이들의 영상 시청 시간 또한 늘었다. 영상은 의사소통 방향이 일방적이다. 교감의 기회가 없다. 언어 뇌 발달의 전제 조건인 소통하고픈 욕망이 성장하지 못한다. 책을 읽어주고 다양한 어휘에 노출되고 감정 표현을 유도하는 기회가 이전 아이들보다 훨씬 줄어들었다.

언어 환경의 질적 기준을 충족시키지 못해 발생한 문제다. 영상 시청 시간이 늘면서 이 문제는 날로 심각해지고 있다.

'교육열'로 포장된 평가 중심 교육이 여전히 득세한다. 시대는 달려가는데 부모는 뒤를 보며 세상을 쫓고 있다. 스마트폰 세계에 갇힌 사람이 어딜 봐도 눈에 띈다. 글을 읽어도 책을 읽어내지 못할 사람이 될 준비를 하고 있다. AI가 인간 기능을 빠르게 대체하고 있다. 인간 고유의 능력인 상상과 사유는 독서를 통해 강화된다. AI시대, 독서를 외면하는 현실이 참 아이러니하다.

변화의 한복판에 있다. 세상의 속도를 따라가는 게 버거운 시대다. 곳곳에서 위기 신호가 감지된다. 자동차의 등장과 함께 마차 제조 기술자는 사라졌다. OTT 서비스 보급으로 비디오 대여점은 흔적을 찾을 수 없다. 시대 변화를 읽지 못한 그 수많은 사람의 운명을 얼마나 많은 이들이 똑같이 겪을지 상상하기 힘들다.

준비된 위기는 기회로 전환된다. 대체 불가한 나만의 능력을 키워야 한다. 사고력과 상상력이 핵심이다. 책 읽지 않는 사람이 늘어나고 있다. 기회다. 책을 읽고 생각과 감정을 기록하면 위기를 기대로 바꿀 수 있다. 나만의 문제 해결력을 키우자. 독서력은 미래 세상을 살아내기 위한 필살기다.

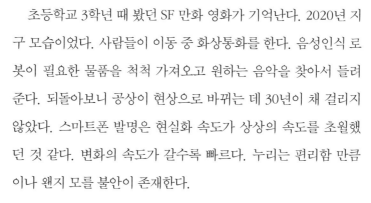

시작!
필사 프로젝트

6

초등학교 3학년 때 봤던 SF 만화 영화가 기억난다. 2020년 지구 모습이었다. 사람들이 이동 중 화상통화를 한다. 음성인식 로봇이 필요한 물품을 척척 가져오고 원하는 음악을 찾아서 들려준다. 되돌아보니 공상이 현상으로 바뀌는 데 30년이 채 걸리지 않았다. 스마트폰 발명은 현실화 속도가 상상의 속도를 초월했던 것 같다. 변화의 속도가 갈수록 빠르다. 누리는 편리함 만큼이나 왠지 모를 불안이 존재한다.

판이 바뀌고 있다. 새로운 세상이 다가오고 있다. 시장은 어딘가를 향해 쏜살같이 달려간다. 타자기가 물러나고 컴퓨터가 자리를 차지한 시기가 있었다. 휴대폰이 지구인의 일상을 송두리째 바꿔놓은 때도 있었다. 이 모든 과도기는 겨우 몇 년 사이

종료됐다. 변화하는 세상을 읽지 못하고 퇴장한 사람이 얼마나 많았던가. 다시 누구든지 그런 무리 중 하나가 될 수 있다. 무엇을 해야 할까?

> "나무에 있는 새는 나뭇가지가 부러질까 하는 걱정 따위는 하지 않는다. 새가 믿는 것은 나뭇가지가 아니라 자신의 날개이기 때문이다."

앨런 피즈 & 바바라 피즈의 《결국 해내는 사람들의 원칙》에 나온 말이다. 이 문장을 필사한 후 '실력'이라는 키워드 페이지에 옮겨 저장했다. 날개 있는 새는 흔들리는 나뭇가지 위에서도 두려워하지 않는다. 실력이 굳건하기에 세상 변화를 기대하는 사람을 닮았다. 그 실력의 본질은 앎이다. 나와 세계를 아는 데서 실력은 싹튼다.

아이 재능을 평가할 때 신체 기관이 많이 언급된다. '공부 머리가 있다. 손재주가 좋다. 발재간이 뛰어나다. 눈썰미가 있다.' 이 중 두뇌를 사용하지 않는 재능이 존재하는가? 모든 능력은 곧 뇌의 힘이다. 얼마나 두뇌 회로를 정밀하고 촘촘하게 설계하여 반복하느냐에 따라 기술 수준이 결정된다. 공부, 요리, 축구, 노래, 연주 모두 다름아닌 두뇌로 한다. 탁월한 생각이 곧 탁월한 기술을 낳는다. 제대로 알아야 원하는 결과를 얻을 수 있지 않은가.

앎은 행복과 고통을 나누는 기준점이 된다. 자신이 원하는 바를 이루기 위한 지식을 갖추었는지가 삶의 질을 결정한다. 알면 즐겁고 모르면 괴로운 게 인생이다. 알아야 보인다. 알아야 느낄 수 있다. 알아야 원하는 나를 만날 수 있다. 알면 삶을 누릴 자격을 갖출 수 있다. 시대의 변화를 읽고 변화를 도모할 수 있다.

독서가 인생을 얼마나 위대하게 만들 수 있는지 살펴봤다. 필사를 사랑했던 이들이 남긴 뛰어난 업적을 확인했다. 필사 효과를 입증하는 과학적 근거도 있다. 논리적으로 맞다고 다 설득되지 않는다. 이성적으로 옳다고 바로 행동하면 세상에 성공 못할 사람이 어디 있겠는가.

행동하면 동기가 생긴다. 우리는 자극을 기다리는 데 익숙하다. 번개처럼 강력한 외부 에너지가 내 마음을 흔들어 주길 바란다. 시간 낭비다. 세상은 날 위해 설계되지 않았다. 인생을 바꿀 수 있는 유일한 주체는 나뿐이다. 먼저 움직이자. 바람 한 점 없는 벌판에서 바람개비를 들고 달리는 어린아이처럼 움직여야 한다. 언제까지 내 점화 플러그에 스파크가 일 때까지 기다릴 것인가.

예술가 척 클로즈는 영감이란 아마추어에게나 필요한 것이라고 말했다. 그는 번개처럼 우리 뇌리를 강타할 자극을 기다리기만 하면 훌륭한 일을 해내지 못한다고 했다. 최고의 아이디어는 절차에서, 즉 그 일을 하는 과정에서 나오는 것임을 강조했다. 세계적인 신발 브랜드 나이키 상표의 캐치프레이즈를 기억하는

가?

"Just Do It"

그냥 한번 해보라. 짧고 강력하다. "The personal power is an ability to take an action."이라고 말한 토니 로빈스의 생각과도 맞닿아 있다. 일단 한번 해보자. 해보고 나서 관둔들 뭐 어떤가.

필사를 시작하자. 자신이 독서가라면 독서의 질이 한 차원 높아질 것이다. 새로운 지식이 고속도로를 타고 내게 들어올 것이다. 배경지식 간 네트워크 연결이 광케이블로 바뀔 것이다. 적시에 적합한 문장을 소환해 내는 자신을 발견하게 될 것이다. 아직 책과 거리가 먼 자신이라면 더 좋은 기회다. 필사할수록 책은 매력적으로 변한다. 짧은 독서라도 필사한 문장이 작은 성취감을 안겨준다. 한 번도 보지 못한 내 안의 생각이 필사 노트에 드러나면 낯선 기특함을 느낄 수 있다.

실력의 본질을 존 우든은 그의 자서전 《Wooden》에서 다음과 같이 말한다.

> "빠르고 대단한 발전을 추구하지 마라. 날마다 조금씩 나아지려고 노력하라. 그것이 실력을 습득하는 유일한 길이다. 그렇게 얻은 실력은 오래 유지된다."

그는 천천히 꾸준히 제대로 하는 연습의 중요성을 거듭 강조했다. 필사도 마찬가지다. 처음엔 가볍게 시작해보자. 책 한 권에 한 문장이라도 좋다. 시작한 게 중요하니까. 글을 옮겨 적는 게 귀찮고 힘들면 두뇌도 근육임을 잊지 말자. 힘들이지 않고 커지는 근육이 어디 있단 말인가.

5년 전, 도서관에서 우연히 책 한 권을 만났다. 쓰면서 읽어보자는 그 작은 권유를 행동으로 옮겼다. 필사를 향한 거대한 열정이 타올랐던 게 아니다. 나를 설득할만한 논리적 근거나 과학적 자료가 확보되었던 것도 더더욱 아니었다. 그냥 해봤다. 하지만 그 작은 시작이 일상을 바꿨다. 인생을 우상향 그래프 곡선 위에 올려놓았다. 꿈꾸는 현재를 만들었다. 필사 노트에 처음 펜을 올려놓은 그 0.1°의 방향 전환이 얼마나 극적인 변화를 낳았는지 '나의 필사 이야기'를 전해보고자 한다.

Part. II

필사로 만난 또 하나의 나

Chapter.1

연봉 2배
자동 수익 시스템을 만들다

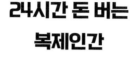

24시간 돈 버는
복제인간

〈이타카〉

...

언제나 이타카를 마음에 두라.

네 목표는 그곳에 이르는 것이다.

하지만 서두르지 마라.

비록 네 갈 길이 오래더라도

늙어 그 섬에 이르는 것이 더 나으니,

길 위에서 너는 이미 풍요로워졌다.

이타카가 너를 풍요롭게 해주길 기대하지 마라.

이타카는 네게 아름다운 여행을 선사했다.

그게 없었다면 네 여정은 시작되지도 않았으니

이제 이타카는 네게 줄 게 없구나.

설령 그 땅이 불모지라도, 이타카는 널 속인 적이 없으니

길 위에서 너는 현자가 되었고

마침내 이타카의 가르침을 이해하리라.

- 콘스탄티노스 카바피, 그리스 시인

이 시 한 편으로 내 삶의 주도권을 회수했다.

2018년 4월 8일 3시 30쯤이었다. 평소보다 일찍 눈을 떴다. 거실 소파에 등을 기대앉아 책을 읽다 이 시를 만났다. 마음이 웅장해졌다. 알 수 없는 흥분과 함께 한 자 한 자 필사해 나갔다. 영어 원문을 찾아 내 입에 붙도록 말을 다듬었다. 그런데 마지막 문장을 다 쓰고 갑자기 이런 생각이 들었다.

'사업을 해봐야겠다. 첫 사업 상호는 이타카로 하자.'

생애 첫 사업 구상은 그렇게 난데없이 날 찾아왔다.

무라카미 하루키는 소설을 쓰게 된 이유를 다음과 같이 설명한다. 지난 5년의 경험이 없었다면 그의 이야기를 이해하기 힘들었을 것이다.

"1978년 4월 어느 쾌청한 날 오후에 나는 진구 구장에 야구 경기를 보러 갔습니다.

〈…중략…〉

1회 말, 다카하시가 제1구를 던지자 힐턴은 그것을 좌중간에 깔끔하게 띄워 올려 2루타를 만들었습니다. 방망이가 공에 맞는 상쾌한 소리가 진구 구장에 울려 퍼졌습니다. 띄엄띄엄 박수 소리가 주위에서 일었습니다. 나는 그때 아무런 맥락도 없이, 아무런 근거도 없이 문득 이렇게 생각했습니다. '그래, 나도 소설을 쓸 수 있을지 모른다'라고."

〈직업으로서의 소설가〉 - 무라카미 하루키

뜬금없던 그 결정은 2년 후 실현되었다. 다른 환경에서 책을 보고 싶은 마음에 집 근처 독서실을 검색하다가 스터디카페를 알게 되었다. '24시간 무인'이란 문구가 눈에 들어왔다. 매일 그곳을 이용하면서 그 사업의 가능성을 보았다. 그때부터 스터디카페 탐방을 시작했다.

먼저 '스카 탐방록' 양식을 만들었다. 부동산 투자책을 필사하며 정리한 임장 보고서와 입지 비교 분석표를 활용했다. 방문한 매장마다 정보를 자세히 기록했다. 좌석 구조, 실내장식 장단점, 고객 평가, 존별 좌석 점유율, 키오스크 시스템 종류, 사물함 종류와 위치, 출입문 방식, 소음 발생 요인, 스터디룸 이용률, 상품 가격, 조명, 와이파이 송신기 위치와 세기에 이르기까지 항목별로 하나하나 셀에 입력하여 비교했다. 중요도에 따라 점수를 부여하고 총점이 높은 매장 순으로 정리해 나갔다. 내 기준이 될 모델을 하나하나 그려 나가기 시작했다.

무모하지만 기특한 도전이었다. 2020년 6월 말 스터디카페 공간을 계약하고 카페 구조를 설계했다. 처음엔 파워포인트를 사용해 설계도를 그렸다. 아무리 선을 정밀하게 그려도 치수가 맞지 않았다. 좌석도 원하는 대로 들어가지 않았다. 원하는 그림을 그리는 게 불가능했다. 고민 끝에 웹 기반 설계 프로그램을 혼자 배웠다. 난생처음 3D 설계도를 완성했다. 콘셉트와 구역, 좌석 체계가 점점 잡히기 시작했다. 시간 가는 줄 모르고 하루에도 몇 번 설계를 변경했다. 아내는 요즘도 가끔 말한다. 그때 내 눈이 가장 빛났었다고.

> "기록하지 않으면 측정할 수 없고, 측정할 수 없으면 개선할 수 없다."
>
> - 피터 드러커

업체 계약을 앞두고 프로젝트 바인더 맨 앞장에 써 놓은 문장이다. 피터 드러커의 이 말을 줄곧 명심했다. 한 업체로부터 과거 공사 견적서를 샘플로 미리 받았다. 해당 견적서 항목을 세분화해서 설계도와 함께 관련 업체에 전달했다. 동일 조건에서 가격 경쟁력을 비교하기 위해서였다. 1차 견적서 분석 후 업체별로 2차 수정견적서를 제출토록 요청했다. 그렇게 모든 과정과 세부 사항을 기록하며 함께할 파트너를 선정했다.

시공 현황 기록도 힘을 발휘했다. 공사가 시작되고 퇴근하면 곧장 현장에 갔다. 직접 수치를 재고 설계도와 비교했다. 수치 오류, 콘센트 위치와 방향, 조명 개수와 밝기, 칸막이 종류, 걸레 받이까지 기록해둔 기준에 근거하여 재시공을 요구했다. 그리고 업체 대표에게 요청 사항과 주의할 부분을 정리하여 아침마다 전달했다.

2020년 10월 9일 드디어 '이타카 프로젝트'가 완성되었다. 오픈 기념행사를 온라인에 공지하고 1시간이 채 되지 않아 아내가 전화를 했다.

"여보야, 누가 벌써 입금했어!"

형언하기 힘든 감동이 밀려왔다. 평생 모이만 먹고 살아온 내가 이제 먹이를 사냥할 수 있다는 사실에 가슴이 벅차올랐다.

필사 노트에 시 한 편을 적고 짧게 나와의 약속을 썼을 뿐이다. 하지만 그때 심어둔 생각이 어느새 자라 3년째 세 식구 한 달 생활비를 책임지고 있다. 나를 대신해 24시간 쉬지 않고 일하는 복제인간을 만들어 주었다. 필사는 정직한 땅을 닮았다. 정성 들여 심은 생각을 싹 틔운다.

비로소 주인 된
직장인

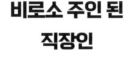

전혀 다른 일상이 시작되었다. 새벽 5시 매일 스터디카페로 출근했다. 청소, 정리, 물품 주문, 리뷰 답변을 마무리하고 매장 곳곳을 둘러본다. 주인은 성과를 독점한다. 동시에 모든 문제를 책임져야 한다. 문제가 어디서 왔는지는 중요하지 않다. 다른 사람의 실수든, 기기 오류든 내 잘못이 아니라는 사실은 어떤 해결책도 내놓지 못한다. 스스로 생각하고 움직이고 해결해야만 하는 게 주인의 숙명이다. 아무리 사소한 흠결도 눈에 크게 들어왔다. 첫 사업이 온전히 일어설 수 있도록 최선을 다했다. 아침 7시 또 한 번의 출근 때까지 주인의 눈으로 세상을 바라보았다.

의식의 신분이 달라지고 있었다. 직장인에 단지 사장이란 직함이 추가된 게 아니었다. 새벽마다 매장 주변을 둘러보는 시선이 또 다른 일터까지 넘어온 것이다. '어떻게 하면 저 문제를 해결할 수 있을까?' 업무 범위를 벗어난 문제까지 눈에 들어왔다. 어떤 문제든 개선책이 떠오를 때마다 개선 사항 파일에 메모했다. 할 수 있는 것은 직접 해보고 나머지 이슈는 회의 때나 사석에서 흘리듯 얘기를 꺼냈다. 이전까지 평면도에 그려진 내 자리가 3D 세상으로 건너온 것 같았다. 조직의 수장은 어떤 마음으로 이 문제를 바라볼까? 흥미로운 감정이입 놀이가 시작되었다.

> "隨處作主 立處皆眞(수처작주 입처개진)
> 어디에서든 주인으로 행동하라.
> 서 있는 곳마다 진리는 존재한다."

당나라 선사 임제의 언행을 기록한《임제록(臨濟錄)》에 등장하는 말이다.

불평불만은 종의 언어다. '이걸 꼭 내가 해야 해?', '아우 저 사람 참 밉상이다.' '이건 왜 이렇게 불편하냐.' 그 흔했던 주변 소리가 다르게 들렸다. 변화의 힘이 내게 없음을 세상 밖으로 알리는 목소리다. 사소한 문제 하나도 스스로 해결하지 못하는데 어떻게 거대한 자기 인생을 바꾸겠는가. 내 시간의 온전한 주인이 되고 싶었다.

아이디어는 곳곳에 있었다. 회의실 실내장식에서부터 벽면

조명 색깔과 각도에 이르기까지 좀 더 나은 매장을 만들기 위한 단서로 가득했다. 동료가 들려주는 어젯밤 외식과 주말 카페 방문 이야기는 고객 응대를 위한 훌륭한 참고 자료가 되었다. 몸은 피곤했지만 일은 재미를 더해 갔다. 시간의 주인이 된다는 것은 그만큼 많은 과실을 안겨줬다.

개업 1년이 지나면서 커다란 문제에 직면했다. 뿌듯함이 휴일 없는 새벽 노동으로 서서히 힘을 잃어갔다. 밤낮없는 주변 이용자에 대한 불평과 민원 문자가 일상의 리듬을 끊어 놓았다. 새벽 독서를 대신해 청소하면서 들었던 오디오 북은 내면을 채워주지 못했다. 필사와 함께한 사색의 시간이 사라져 갔다. 좋은 내용을 들으면 하던 일을 멈추고 휴대폰 메모장에 기록했다. 하지만 종이책, 노트, 펜 조합이 만든 특유의 감촉이 없었다.

서서히 지쳐갔다. 힘들어하는 얼굴을 보며 친구가 아르바이트생 채용을 권했다. 매장 일을 아무런 연고도 없는 사람에게 맡긴다고 생각해 본 적이 없었다. 나만큼 책임감 있게 해낼 사람은 없다고 믿었다. 겉으론 한번 알아봐야겠다고 말했으나 마음은 결정을 이미 끝낸 상태였다. 그 제안은 없던 것으로 받아들였다.

누적된 평일 고단함을 주말 오후 도서관에서 달래곤 했다. 어느 날 내 머리를 세게 친 책 한 권을 만났다.

"먹이 사슬 밑바닥에서 가장 적은 돈을 벌며 가장 많은 일을 한다. 자유와 통제력을 가장 적게 누린다. 대부분

> 사람은 시간과 일과 돈이 정비례한다고 생각한다. 그러
> 나 백만장자, 억만장자, 기업가들은 그것이 반비례한다
> 는 사실을 알고 있다. 레버리지를 구축한 사람이 가장 많
> 은 돈을 벌어들인다."
>
> - 롭 무어의 《레버리지》

지난 1년을 되돌아봤다. 문장을 필사하고 레버리지 사례를 정리하면서 좁은 세계에 갇혀있는 날 발견했다. 어리석었다. 365일 24시간 내가 밟고 있는 이 땅이 자본주의 터전임을 전혀 이해하지 못했다.

"그래, 아르바이트생을 구하자!"

마지막으로 필사 노트에 남긴 한 문장이다. 내용 정리보다 내 결단이 절실했다.

곧바로 단기 채용 절차와 계약 시 유의점을 알아보았다. 고용 계약서 양식까지 만들었다. 그러나 채용 공고를 내기까지 한 달 넘는 시간이 걸렸다. 늘 질서를 지키는 데만 익숙했던 나였다. 새로운 질서를 만드는 게 어색했다. 다른 사람을 내 뜻대로 부리는 그림이 잘 그려지지 않았다. 망설였다. 화석처럼 굳은 직장인 의식이 두려움을 만들었다. 머리로는 채용을 진행하고 있었지만, 마음은 아직 준비되지 않았다고 속삭였다.

다시 《레버리지》를 읽고 새롭게 필사해 나갔다. 지난 1년간 힘들었던 점을 나에게 솔직히 고백했다. 조금만 용기 내면 얻게

될 자유를 좀 더 상세히 그려봤다. 그렇게 반나절을 보냈다.

책을 덮고 바로 채용 공고를 냈다. 난생처음 채용 면접의 주인이 되어 관리 파트너를 구했다. 시행착오 끝에 업무 범위와 상세 근무 조건을 계약서에 명시하고 관리 메뉴얼을 함께 만들어 갔다. 시간이 흘러 지금은 두 명의 관리 파트너가 모든 일을 대신한다. 이제 큰 문제가 아니면 해결을 위임한다. 어떤 문제든 전문가 도움을 얻는 데 망설이지 않는다. 그것이 내 삶을 레버리지할 수 있는 최선책임을 알기 때문이다.

'지식(知識)'과 '지혜(智惠)'를 필사 노트에 적었다. 동일한 한글이지만 '지'는 한자가 다르다. 앎(知)은 시간(日) 속에서 익어야 지혜로 진화한다. 삶의 주인이 되어 앎을 실천해야 지혜를 얻는다. 요즘도 필사 노트에 '수처작주'를 자주 쓴다. 나에게 보내는 메시지다. 모든 순간 주인으로 살아야 한다. 그렇지 않으면 내 인생에서 영원한 객으로 살게 된다. 평생 종의 말을 내뱉는 사람이 어떻게 원하는 삶을 살겠는가. 의식의 신분이 바뀌면서 난 비로소 주인이 되었다.

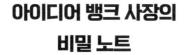

아이디어 뱅크 사장의
비밀 노트

3

카페 곳곳에서 여러 문구가 고객을 맞이한다. 어느 것 하나도 그냥 만들어진 게 없다. 저마다 의미 있는 사연을 품고 있다. 필사에 쏟은 시간이 생산기지 역할을 했다. 책에서 내 세상으로 건너온 생각이 있다. 그 순간 탄생한 내 아이디어도 존재한다. 그 둘이 모여서 만든 작은 작품들이다. 여전히 힘을 잃지 않고 버티고 있는 그 문장들에 관해 이야기해 보고자 한다.

"오늘 눈부신 미래를 만들고 있는 당신과 함께합니다."

출입문을 열고 들어서면 가장 먼저 눈에 띄는 문장이다. 예측할 수 없는 앞날 때문에 불안하다는 사람에게 《Super Natural》

저자 Dr. Joe Dispenza는 이렇게 말했다.

"앞날을 예측하는 가장 좋은 방법은 창조하는 것입니다. 당신이 원하는 미래를 지금 만드세요."

우리는 미래에 다가서는 게 아니다. 지금 여기에서 만들고 있다. 과거로 돌아가 다른 선택을 하니 현재가 실시간으로 바뀌는 영화 속 한 장면을 떠올려 보라. 우리의 말과 행동 하나하나가 보이지 않는 곳에서 지금 미래를 만드는 중이다. 나는 그렇게 믿는다. 그리고 함께 믿는 사람을 응원하고 싶었다.

"10잔을 마셔도 좋습니다. 가져 가지는 마세요.
당신의 자존감이 1mm 낮아집니다."

휴게실 셀프 바에 이처럼 적었다. 자존은 공기와 같다. 있을 때는 아무런 문제가 없다. 부족하면 숨 쉬는 매 순간이 힘들다. 박웅현의 〈여덟 단어〉는 삶의 중요한 가치를 여덟 개 단어로 설명한다. 그 중 첫 번째가 자존이다. 자신을 스스로 존중하고 사랑하는 태도를 삶의 가장 중요한 가치로 뽑았다. 자존감은 그냥 생기지 않는다. 떳떳한 행동이 모여 자존감을 키운다. 음료와 먹거리를 무료로 제공하다 보니 일부 학생들이 몰래 상품을 많이 챙겨가기도 한다. 초콜릿 몇 개와 자존감을 교환하지 않길 바라는 마음으로 위 문장을 걸어두었다.

"스무 살은 6시, 서른다섯은 10시 30분,
당신의 인생 시계는 몇 시입니까?"

자신이 죽는다는 것을 깨닫는 순간부터 진짜 삶이 시작된다
고 한다. 끝이 있음을 아는 순간 시간의 가치는 달라진다. 미치
엘봄의 《모리와 함께한 화요일》을 읽다가 내가 인생 어디쯤 와
있는지 궁금했다. 필사 노트에 양팔 저울을 그렸다. 한쪽은 80
년, 다른 한쪽은 24시간을 올려놨다. 24를 80으로 나누니 0.3시
간, 딱 18분이다. 1년의 하루 무게가 18분이었다.

열 살은 아직 새벽 3시다. 스물하나는 6시 18분, 동이 트는 시
간이다. 마흔일곱 나는 오후 2시 6분에 살고 있다. 금방 오후 업
무는 끝나고 해는 진다. 시간이 그렇게 많이 남지 않았음을 실감
한다. 양팔 저울 그림과 함께 위 문장을 써서 액자를 만들었다.
왕래가 가장 잦은 통로 벽에 걸어두었다. 한번 생각해보길 바란
다. 지금 당신의 인생 시계는 몇 시를 가리키고 있는가?

"내 인생의 주인공, 그리고 작가!"

"인생의 주인공은 너야." 흔히 듣는 조언이다. 맞다. 하지만
한마디 덧붙이고 싶었다. 그 주인공을 만든 작가 또한 나라는 사
실을 말이다. 밖으로 나가는 길목 정면에 거울이 하나 있다. 그
거울에 이 문구를 붙여놓았다. 주인공은 시나리오대로 움직인

다. 그 시나리오는 모두 작가의 몫이다. 작가의 상상 속에서 그려진 그림 그대로 주인공은 현실을 마주한다. 다른 이들을 위한 메시지이지만 나에게 해주고 싶은 말이기도 하다.

"생각은 힘이 세다. 글은 생각을 담는다."

합격, 1등급, 취업, 100점, 입학…. 포스트잇에 쓰인 많은 바람이 휴게실 게시판에 붙어있다. 그곳에 두꺼운 폰트로 새겨 놓은 문장이다. 생각 하나가 얼마나 많은 것을 바꾸는가. 그것이 글에 담기면 지워지지 않는 생명력을 얻는다. 생각을 마음껏 표현할 수 있는 공간을 마련해 주고 싶었다. 이 게시판에서 '올해의 One Thing', '나의 명언', '1년 후 나에게' 행사를 진행했다. 모두가 함께 쓰는 필사 노트인 셈이다.

"걸어 다니는 자기소개서"

이런 섬뜩한 문구가 휴게실 작은 거울에 붙어있다. 그 아래 화장지와 물티슈를 준비해뒀다.

"얼굴의 옛말은 얼골입니다. 얼골은 얼꼴에서 왔습니다. '얼의 꼴'은 다시 말하면 '영혼의 모습'입니다. 그 사람 영혼의 모습이 가장 잘 드러나는 부위가 바로 얼굴이기 때문에 그렇게 이름 붙였습니다."

- 신영복의 「담론」

24시간 발가벗고 있는 얼굴은 내가 누구인지 가장 잘 보여준다. 이력서 스펙이 아무리 화려해도 면접에서 인상이 좋지 않으면 합격할 수 없다. '어두운 얼'을 가진 사람과 함께하고픈 이는 적다. 한 번쯤 자기 얼을 확인해보라는 생각에 이 스티커 문구를 붙였다.

"인생은 결국 그 주인을 닮는다."

구본형 작가 책을 읽고 태어나 처음으로 저자를 직접 만나야겠다고 생각했다. 안타깝게도 작가님은 2013년 4월 13일 돌아가셨다. 그분을 일찍 알았더라면 내면이 좀 더 풍요로워졌을 것 같다. 조금 더 나답게 살아볼 용기를 냈을 것이다. 그분의 역작 《마흔세 살에 다시 시작하다》를 읽고 위 문장 하나로 요약했다. 자기 삶의 임자가 누구인지 생각해보자는 의미에서 그분의 사진과 함께 중앙 기둥에 걸어둔 문장이다.

흙수저라서 힘들다고 말한다. 변화의 시대를 살고 있어 어렵다고 한다. 어느 시기에 어떤 가정에서 성장했는지 인생에 영향을 준다. 그러나 성인이 된 나는 완전한 독립체다. 누가 뭐래도 스스로 선택하고 책임져야 하는 존재다. 나를 둘러싼 환경은 모두 내가 불러들인 것이다. 삶을 바꾸는 유일한 길은 나를 바꾸는 것밖에 없다.

문장은 짧지만, 그 안에 밴 시간은 결코 짧지 않다. 오랜 시간 생각의 탄생과 성장 과정을 필사 노트에 기록했다. 전달하고픈 의미가 제대로 전해지고 있는지 모르겠다. 모두 나를 먼저 설득하고 나온 글들이다. 누군가에게 괜찮은 물음표 하나만 던져줬어도 성공한 것이다.

아이디어가 많은 사람을 지켜보면 공통된 특징이 있다. 망각이 결국 기억을 이긴다는 걸 안다. 그래서 기록한다. 자기를 믿지 못해서가 아니다. 금방 사라지는 생각의 특성을 숱한 경험으로 알고 있기 때문이다. 필사 노트에서 내 마음에 먼저 와닿았던 녀석들을 불러 모았다. 덕분에 조금은 다른 학습 분위기를 만들수 있었다. 뛰어난 이들의 생각을 담은 기록이 한데 모여있었기에 가능했다. 돈은 은행에 모이고 아이디어는 기록에 모인다.

Chapter.2

믿기지 않는 내 몸을 만나다

건강할
자격

~~~ **1** ~~~

　삶을 여섯 영역으로 나누고 폴더명에 번호를 부여했다. 그중
건강은 '0. 건강'으로 저장했다. 1순위가 아닌 0순위임을 기억하
기 위함이다. 건강을 잃으면 삶은 추락한다. 시간이 중요하다고
말하지만 건강치 못한 몸으로 시간을 견디는 건 고통일 뿐이다.
아픈 사람의 눈에만 보이는 월계관이 바로 건강이다. 많은 사람
이 돈을 위해 건강을 희생한다. 그러다 아프면 낫기 위해 가진
돈 전부를 기꺼이 내놓는다. 어리석은 선택에 대한 막대한 비용
을 치른다. 나 또한 몸을 제대로 돌보지 않고 오랜 시간을 보냈
다. 몇년 전까지만 해도 볼록 나온 배를 나잇살의 일부라 여겼
다. 무지했다.

　지금까지 수술대 위에 오른 적이 딱 두 번 있다. 고2 늦가을

기흉으로 입원했다. 전신마취 전 처음으로 죽음의 공포를 느꼈다. 몸만 회복되면 무슨 일이든 기꺼이 하겠노라고 결심했다. 몸을 혹사하지 않을 것이며, 숙면하고, 채소도 많이 먹으면서 살겠노라고 다짐했다. 반성과 각성이 입원 기간 내내 지속되었다. 생전 처음으로 건강이 제1 화두로 떠올랐던 시기다. 수술 후 석 달이 지나자 언제 그랬냐는 듯 몸이 완전히 회복했다. 자연스럽게 건강은 후순위로 밀려났다.

2019년 10월, 원인을 알 수 없는 통증으로 병원을 찾았다. 두통을 동반한 고열이 지속되자 죽음을 진지하게 생각해보기까지 했다. 결국 의사는 충수 염증 때문이라고 결론 내리고 수술에 들어갔다. 그 후 몇 달 동안 누워서 움직일 때마다 아랫배가 아팠다. 병원에서는 뚜렷한 원인을 말해주지 못했다. 평생 이 고통을 감내해야 된다고 생각하니 끔찍했다. 운동하면 괜찮아질까 하는 기대에 고통을 참으며 산에 올랐다. 통증 원인을 찾아보려 관련 서적을 뒤졌다. 몇 달 후, 통증은 이유없이 사라졌다. 동시에 건강에 관한 학습 욕구도 사라졌다.

그렇게 두 차례나 건강의 중요성을 온몸으로 체험했다. 하지만 오랜 시간 음식을 가리지 않고 음주를 즐기며 불규칙한 수면 패턴을 자연스럽게 받아들였다.

2023년 초, 조한경의 《환자 혁명》 필사가 건강에 대한 인식을 바꿨다. 내용이 충격적이었다. 의학계를 향한 태도가 완전히 초기화되었다. 독서에서 받았던 지적 자극만큼 핵심을 모두 담아

내고 싶었다.

"알아야 지킨다."

책 맨 뒷장에 이 한 문장을 날 위해 남겼다.

《환자 혁명》을 필사하면서 건강에 관한 고정 관념이 깨졌다. 처방약을 TV 광고하는 진짜 이유는 제약회사가 광고비로 언론을 통제하기 위한 게 주목적임을 알았다. 의과 대학 교육과정은 질병 예방에 무관심하며 의대생은 영양학을 거의 공부하지 않는다는 현실에 놀랐다. 가족력의 실체는 유전자가 아니라 비슷한 생활습관과 음식문화가 만든 유사 질병이라는 새로운 시각을 얻었다. 암, 당뇨, 고혈압 약은 복용 즉시 해독의 대상이 된다. 병을 고치기 위해 독을 복용하는 꼴이니 섬뜩했다. 그 밖에도 건강 수호를 위해 명심해야 할 사실이 많았다. 다음 한 문단에 묶어 보았다.

"1년에 한 번 하는 정기검진보다 더 중요한 것은 하루도 거르지 않고 매일 먹는 음식이다. 먹는 음식을 바꾸지 않고는 건강을 기대할 수 없다. 몸에 들어간 음식은 그냥 밖으로 나오지 않는다. 좋든 나쁘든 몸에 영향력을 행사하고 나온다. 균형을 위해 단백질, 탄수화물, 지방, 전분, 유제품을 골고루 함께먹는 것은 자동차에 가스, 휘발유, 알코올, 디젤, 경유를 섞어서 주유하는 것과 같다. 가공식품을 먹으면 아무것도 못 고친다. 깨끗하고 영양가 높은 음식만이 건강을 유지하는 비결이다. 아는 게 없으면 올바른 결정을 내릴 수 없다. 아는 자만 선택할 자격이 있음을 잊지 말고 공부해야 한다."

맹종은 늘 참극을 부른다. 우리 사회는 사람에 대한 신뢰를 미덕으로 간주한다. 그러나 근거 없는 믿음이 몸을 망치고 삶을 피폐하게 만든다면 얘기는 달라진다.

"역사상 가장 처참했던 전쟁, 학살, 노예 제도는 불복종이 아니라 복종했기 때문에 발생했다."

미국 역사학자 하워드 진의 말이다. 내 건강에 관한 한 제대로 알고 올바른 선택을 해야겠다고 마음먹었다. 건강할 자격을 갖추리라 다짐했다.

읽을 책 목록에 건강 서적을 추가했다. 한 권씩 필사하며 일상에 바로 적용 가능한 지식을 찾았다. 한근태의 《몸이 먼저다》를 읽은 후 서두에서 말했듯 건강을 인생의 영순위로 두게 되었다. 의지도 결국 몸에 뿌리를 두고 있는 에너지다. "나는 할 수 있다!"라는 외침만으로 소진된 에너지가 다시 채워질 리 만무하다. 몸부터 챙겨야 한다. 지치기 전에 쉬어주는 게 진정한 휴식이라는 깨달음을 그 책을 통해 얻었다.

먹는 건 몸이 되고, 읽는 건 정신이 된다. 많은 건강 관련 책이 음식이 곧 몸임을 강조한다. 히포크라테스도 "I am what I eat." 한 문장으로 먹는 게 중요함을 나타냈다. 음식을 조절하지 않고서는 절대 건강해질 수 없다. 분명 지금은 옛날보다 부유하고 더 잘 먹고 잘사는데 왜 질병의 가짓수는 늘어날까? 무분별한 음식 섭취가 그 원인일 것이다.

식욕에 점령당한 몸이 보내는 구호 신호가 있다. 무기력, 우울감, 피곤함, 모두 음식을 잘못 먹고 있다는 경고 메시지다. 비만은 영양소 결핍 상태를 눈 뜨고 확인해보라는 외침이다. 독재자의 명령이 국민 모두에게 유익한 경우는 드물다. 언제나 희생이 뒤따르고, 끝내 나라 전체를 멍들게 한다. 식욕도 마찬가지다. 견제받지 않는 식욕은 몸의 파국을 가져올 뿐이다. 먹고 싶다고 다 먹으면 우리는 먹는 게 아니라 식욕의 노예로 사는 것이다. 건강에 관한 한 이 '절대 권력자', 식욕을 다스리는 게 핵심이다. 늘 이 녀석을 감시하며 통제 방법을 고민한다.

행복을 관장하는 호르몬 중 수면, 식욕과 관련된 세로토닌이 있다. 뇌가 사용하는 세로토닌의 95% 이상은 소장과 대장에서 생산된다. 그래서 장이 건강하지 않으면 깊이 잠들지 못하고 행복하기 힘들다. 이제 잠자리에서 영상을 보지 않는다. 휴대폰 액정이 세로토닌 분비를 억제해 숙면을 방해하기 때문이다. 더 이상 탕비실 간식을 확인하지 않는다. 가공식품 섭취가 순간의 달콤함과 장시간의 불편함을 맞바꾸는 거래로 보인다. 생각만으로 건강을 지키는 것은 어렵다. 다른 이들의 통찰과 지식이 필요하다. 자격 있는 사람만이 건강을 누릴 수 있다. 끊임없이 배우고 유익한 루틴을 만들어가는 실행만이 건강할 자격을 부여한다.

소식과 단식,
환상의 복식조

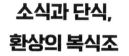

~~~~ **2** ~~~~

건강의 자격을 갖춰나가기 시작했다. 무엇보다 먼저 음식과 영양에 대해 알아보았다. 몸의 에너지원을 제대로 알아야 내 몸을 통제할 수 있다고 생각했다. 소식, 간헐적 단식, 해독주스, 영양소, 호르몬 관련 책을 필사해 갔다. 저자마다 건강의 핵심을 바라보는 시각이 달랐다. 음식이 중요하다는 사실에는 모두 동의한다. 하지만 어떤 먹거리를 언제, 얼마나, 어떻게 먹어야 하는지 의견이 달랐다. 논거도 제각각이다. 한 가지 분명한 것은 어떤 음식을 먹느냐에 따라 감정이 바뀐다는 것이다.

인간은 감정의 동물이다. 감정은 뇌에서 분비하는 화학물질에 의해 만들어진다. 그 화학물질 대부분은 음식이 장에서 소화되는 과정에서 생산된다. 우리가 무엇을 먹느냐에 따라 감정이 바뀔 수 있다. 음식이 곧 감정의 원자재인 셈이다. 영양가 있는 음식을 섭취하면 장이 건강해진다. 신경전달물질의 균형이 바로 잡힌다. 몸의 에너지, 집중력, 인지 능력이 향상된다. 그래서 잘 먹는다는 것은 단순히 맛을 느끼고 배를 불리는 차원을 넘어 감정의 질을 결정한다. 무엇을 먹느냐가 내 일상의 분위기를 지배한다는 뜻이다.

음식의 질이 아닌 양을 강조한 책이 한 권 있다. 이 책 덕분에 음식을 바라보는 또 하나의 관점이 생겼다. 미즈노 남보쿠의 《소식주의자》가 바로 그 주인공이다. 저자는 관상을 연구하다가 모든 길흉화복이 결국 소식에서 생겨남을 깨달았다. 인간 운명은 먹는 데서 결정된다고 말하며 '腹八分無醫(복팔분무의: 배 속을 8할만 채우면 의사가 필요 없음)'를 강조한다.

그의 논리는 다음과 같다.

"소식하면 아낀 식량이 다른 생명체의 몫으로 돌아간다. 땅 위의 생명을 위한 실천이니 음덕이라 할 수 있다. 소식은 몸과 마음을 가볍게 해서 늘 민첩하게 움직일 수 있도록 나를 최적화한다. 그리고 맑은 생각을 가능케 한다. 생각이 행동을 만들고, 행동이 품격을 낳고, 품격이 관상에 배고, 관상은 길흉을 부른다. 결국, 음식을 절제하고 규칙적으로 섭취하는 게 운명을 결정한다."

필사한 페이지가 열네 쪽에 이른다. 지난날 부정적 언행을 일삼는 사람과 거리를 두기 위해 노력했다. 그러나 정작 그보다 더 중요한 부정적 음식량과는 거리를 두지 못했다. 맛있게 많이 먹을 때 주위 어른들이 말씀하셨다.

"복스럽게 잘 먹는다."

이 피드백 덕분에 밥그릇은 깨끗이 비우는 게 하나의 미덕이라 여기며 살았다. 틀렸다! 포만감 후에 몰려오는 식곤증은 당연한 결과가 아니다. 경계하고 절제함으로써 몸과 마음을 맑게 유지하지 못한 결과다. 왜 그토록 어리석은 식습관에 문제의식을 느끼지 못했을까?

그 책에 따르면 인간이 태어나 죽을 때까지 먹는 양, '食祿(식록)'은 정해져 있다. 부와 명예는 무한하지만 식록은 유한하다.

> "정시(定時), 정량(定量), 소식(小食)으로 몸과 마음을 맑게 하자."

필사 노트에 쓴 마지막 한 문장이다. 이후 음식은 단순히 먹거리가 아니라 늘 경계해야 할 대상이 되었다. 사람을 살리기도 하지만 생명을 끊을 수 있는 양날의 검이라는 사실을 명심한다.

소식 다음으로 단식이 마음을 사로잡았다. 특히 간헐적 단식은 몇 개월째 실천하고 있는 내가 가장 좋아하는 식습관이 되었다. 덕분에 수면의 질이 달라졌고 깨어 있는 시간이 길어졌다.

3년 전, 해독주스 관련 책을 읽고 아침 대용으로 마신 적이 있다. 아침 6시 30분부터 7시까지 뒷산에 오른 후 주스를 마시고 출근했다. 점심까지 커피를 포함해 어떤 것도 입에 넣지 않았다. 이 루틴 하나만으로 두 달 만에 8kg 체중이 감소했다. 몸과 마음이 훨씬 가벼워졌다. 하지만 어느 틈엔가 이 정도면 됐다는 안이한 생각이 끼어들었다. 해독주스 재료 준비가 귀찮아지면서 서서히 이전 일상으로 돌아가고 말았다. 돌이켜보면 음식의 중요성에 관한 공부가 병행되지 않아 루틴을 지속하지 못했다.

간헐적 단식은 행운과 우연이 만나 일상에 안착했다. 딱 맞는 시기에 간헐적 단식 책을 읽었다. 때마침 독서 모임 건강 코치님의 '루틴핏 다이어트' 프로그램에 참여했다. 단식의 필요성과 올바른 방향을 제대로 이해할 수 있는 기회였다. 〈간헐적 단식? 내가 한번 해보지!〉 저자 특강이 뒤이어 독서 모임 주관으로 이뤄졌다. 저자 아놀드 홍의 근육질 몸을 눈앞에서 확인했다. 아무런 시각 자료 없이 건강에 대해 1시간 반 넘게 열정적으로 강의하는 모습이 인상적이었다. 간헐적 단식 효과가 각인되었다.

이제 더 이상 아침 식사는 없다. 출근 후 180ml 종이컵에 사골 진액을 물에 타 마시면 충분하다. 이후 오전은 따뜻한 소금물 외 어떤 것도 입에 들이지 않는다. 이 새로운 루틴을 지속하니 배고픔이 다르게 인식된다. 이제 '꼬~르륵!' 소리가 건강 신호로 들린다. 끼니마다 먹어야 한다는 생각이 잘못되었음을 깨달았다.

저녁 8시부터 다음날 정오까지 속을 비운다. '클린 식스틴'이라 이름 붙여진 이 시간은 몸 건강뿐 아니라 시간 효율성을 높였다. 아침 준비와 설거지 시간이 온전히 내 것이 되었다. 차 한잔 마시듯 사골 육수로 아침을 가늠하니 새벽과 아침이 자연스럽게 연결된다. 일의 끊김이 없다.

일 능률이 오를 때 끼니가 되면 식사는 생략한다. 일에 더 집중할 수 있고 건강을 위한 선택이니 그야말로 일거양득인 셈이다. 점심 한 끼로 하루를 지낸 경험이 쌓였다. 이제 몸이 조금 무겁다고 느껴지면 바로 단식에 들어간다. 효과는 24시간이 지나면 체중과 기분으로 바로 보상해준다.

굶주림과 단식은 차원이 다르다. 전자는 원인이 외부에 있다. 후자는 내 선택에 의한 것이다. 언제든지 맛있는 음식을 먹을 수 있다. 다시 언제든지 먹는 걸 중지하고 공복 상태로 바꿀 수 있다. 지방 저장이 아닌 지방 소모 모드로 전환 가능하다. 주체적이고 자발적이며 통제권이 내부에 있는 게 바로 단식이다.

비만의 원인은 영양부족이다. 갓난아이는 잠이 와도 울고, 기저귀가 젖어도 울고, 엄마가 보이지 않아도 운다. 몸도 마찬가지로 어떤 영양소가 부족해도 배고픔이 신호다. 필요 영양소를 섭취하지 않는 한 그 배고픔은 계속되고 결국 비만을 만든다. 과잉이 아닌 결핍의 질병이 비만이다.

보이지 않던 게 보인다. 건강 지식이 필사 노트에 쌓일수록 몸을 바라보는 눈이 달라진다. 이 건강 시력이 좋아질수록 몸은 더 가벼워질 것이다. 마음은 더 밝아질 것이다. 일상이 활기로 가득하길 희망한다.

식욕의 쌩얼
마주하기

~~~ **3** ~~~

"잘 가 (가지 마) 행복해 (떠나지 마)

나를 잊어줘 잊고 살아가 줘 (나를 잊지 마)

나는 (그래, 나는) 괜찮아 (아프잖아)

내 걱정은 하지 말고 떠나가 (제발, 가지 마)"

그룹 god의 〈거짓말〉 노래 후렴구다. 무슨 이유인지 모르지만 사랑하는 연인을 떠나려고 결심을 굳힌 남자의 거짓말을 담고 있다. 슬프다. 잊으라 말하면서 잊지 않길 바라는 마음이 보컬에 실려 전해지면 오랫동안 잠들었던 감각세포가 깨어나는 것 같다. 겉으로 드러난 남자의 호소에 여자는 '싫어!'를 외치며 진실이 무엇인지 아는 듯 말한다. 거짓과 진심이 뒤섞여 선율을 타고 흐르는 노랫말이 깊은 여운을 준다.

'거짓은 나쁘다.'라는 명제를 우린 너무 쉽게 받아들인다. 하루에 내가 하는 말 중 과연 몇 퍼센트가 진실일까? 상사의 책임 회피성 발언이나 회식 자리 사장의 긴 인사말 앞에서 숨김없는 표정을 드러내는 직장인이 얼마나 되는지 모르겠다. 고객 앞에서 감사하다 혹은 죄송하다는 말은 100% 진심일까? 연인 간에도 앞에서 진실을 말하지 않는 경우가 다반사다. 매 순간 감정을 그대로 표현하면 살아남을 수 있는 관계가 몇이나 될까.

보이는 게 전부가 아니다. 세상은 빙산의 일각만 보여주는 바다처럼 무겁고 거대한 진실을 공개하지 않는다. 생각하고 경험하고 깨닫는 사람에게만 사실 속에 덮인 진실을 볼 수 있는 기회를 준다. 몸이 우리에게 보내는 신호도 이와 비슷하다.

건강 관련 필사가 늘어날수록 인체 메커니즘이 경이로웠다. 간 해독에 필요한 핵심 영양소는 황이다. 이것이 결핍되면 손이나 발 관절에서 황을 가져와 쓴다. 손발 관절은 문제가 생겨 제대로 움직이지 못하게 된다. 생명 유지 우선순위에 따라 신속히 결행하는 몸의 의사결정 체제가 놀랍다. 손 관절 통증 너머 그 진실을 볼 수 있는 사람이 과연 얼마나 될까? 신체 일부가 다치면 그 부위가 부어오른다. 혈관을 확장해 더 많은 영양분과 산소를 공급하고 노폐물을 제거하기 위함이다. 부기는 사고의 결과가 아니라 회복을 위한 신속한 대응책이다. 얼마나 영민한가.

몸의 변화는 저마다 이유가 있다. 드러난 모습이 진짜 문제를

다 말해주지 않는다. 몸은 결혼기념일을 잊은 남편의 늦은 귀가를 두고 화내는 아내와 비슷하다. 늦어서 미안하다고 말하면 문제가 해결될 리 만무하다. 결핍, 욕구, 문제, 증상은 연결되어 있다. 그 연결고리를 제대로 이해해야 문제를 해결할 수 있다. 현상은 진짜 문제가 무엇인지 직접 가르쳐주지 않는다.

식단을 조절하다 보면 갑자기 식욕이 왕성해지는 경우가 생긴다. 당, 밀가루, 우유, 튀김을 '4대악'으로 규정했음에도 눈앞에 놓인 빵을 먹어야 한다고 스스로 설득하는 날 발견한다. 이 빵 한 조각이면 허기가 사라져 집중력이 높아질 것 같은 확신이 든다. 왠지 모르게 찌뿌드드한 이 느낌이 당 부족으로 인한 것 아니냐는 생각에까지 이른다. 뇌는 설득의 귀재다. 어떻게든 자신이 원하는 바를 이루기 위해 최선을 다한다.

식욕 통제는 자기 관리의 출발이다. 먹는 욕구를 통제하지 못하면 제아무리 좋은 아이디어가 머릿속에 가득해도 소용없다. 행동력은 무력화되고 자신에 대한 실망과 불신이 쌓인다. 다이어트 결심뿐만 아니라 거의 모든 목표 설정이 식욕 때문에 무너지는 경우가 얼마나 많은가.

식단 조절의 시행착오를 끊임없이 겪었다. 필사를 통해 새로운 지식이 추가되고 건강 원칙이 개선되었다. 식욕에 굴복해 무너지는 나를 수도 없이 목격했다. 우리 몸은 수분이 부족해도, 영양소가 결핍해도, 에너지가 필요해도 식욕을 불러일으킨다.

단지 배가 고파서 먹으라는 신호를 보내는 게 아니다. 식욕에 정면으로 맞서 대항하는 것은 어리석은 전략이었다. 이제 8kg을 감량하고 내가 원하는 몸을 유지하고 있다. 유독 강해진 식욕의 원인이 무엇인지 생각해 볼 수 있는 여유가 생겼다. 식욕 통제의 경험이 쌓였다. 두 가지 새로운 루틴이 이를 가능케 했다.

첫째, 1.5리터가량 따뜻한 소금물을 매일 마신다. 따뜻한 소금물 마시기는 공복감을 줄여주고 수분 흡수를 돕는다. 체내 수분은 약 0.9% 정도의 염도를 유지한다. 흔히 짜게 먹으면 좋지 않다고 말하지만, 일정량의 염분을 섭취하지 않으면 물을 마셔도 몸이 제대로 흡수하지 못한다. 3g 티백 포장의 용융 소금과 보온텀블러가 필수 휴대품이 되었다. 오전 단식 기간은 늘 따뜻한 소금물과 함께한다. 확실히 배고픔이 덜하고 체내 온기를 공급하여 힘이 난다.

둘째, 나를 위한 일에 집중하고 성과를 기록한다. 생뚱맞은 식욕 통제법이라 생각할 것이다. 그러나 이 전략이 가장 효과적인 식욕 통제법이다. 갑자기 왕성해진 식욕으로 저녁을 폭식하는 나를 자세히 관찰해보았다. 다음 날 새벽 기상도 버겁고 일어날 때 몸도 찌뿌둥하다. 숙면도 취하지 못하고 패배감마저 든다. 왜 난 그까짓 식욕에 굴복했을까?

단순히 먹고 싶은 충동이 아니었다. 그것은 거짓 신호다. 충족되지 못한 다른 욕구가 식욕으로 위장하고 찾아온 것이다. 저녁을 과식하거나 야식 대열에 적극적으로 참여한 오늘을 돌이켜

보면 어김없이 미래 투자 시간이 부족했다. 행동력이 결핍된 하루였다. 새벽에 세운 하루 목표치를 훨씬 밑돌 때 욕구 불만이 커졌다. 먹으면 그 욕구를 쉽게 충족할 것이라 착각했다. 무의식 중에 TV를 켜거나 목적 없이 유튜브 영상을 클릭하는 것도 모두 같은 이유다. 현실 도피이자 일시적 자기 위안에 불과하다. 행동량을 늘리는 게 최고의 식욕 통제법이다.

더 이상 몸의 '거짓말'에 속지 않는다. 진실이 무엇인지 알면 해결책을 찾아낸다. 필사는 단순히 정보 기억을 늘이기 위함이 아니다. 일상 통제로 삶의 지배력을 키운다는 데 더 큰 의미가 있다. 내 몸의 진짜 주인이 되기 위한 과정이다.

Chapter.3

흔들리지 않는 일상을 세우다

스무 살 심장과
마흔일곱 철학

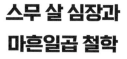

스무 살, 대학 기숙사 첫날 밤을 생생히 기억한다. 처음 내 인생의 키를 넘겨받고 설렘 가득 미래를 상상했다. '어떻게 살고 싶어?' 짧은 물음을 던졌다. '경험하라!' 이 한마디가 무의식에서 들려왔다. 이후 '경험'은 내 20대를 이끌었다. 오리 농장 일꾼, 프로농구 진행요원, 학원 강사, 인터넷 사이버 스쿨 관리자, 교육 교재 영업사원, 인천 공항 돔 공사 작업자, 입주 과외 교사, 9년 반 대학생 시절을 그렇게 결이 다른 경험으로 채웠다. "우린 아직 젊기에! 괜찮은 미래가 있기에!" 서태지와 아이들의 〈컴백홈〉 가사를 소리 높여 외치며 친구들과 어울렸다. 그들과 함께 때론 혼자 그 '경험 코드'를 온몸으로 실행했다.

괜찮은 미래는 오지 않았다. 느낀 대로 행동하는 게 자유라 착각한 시간이 길었다. 서른일곱 늦은 나이까지 내 집은 친구들의 사랑방이었다. 늦은 밤 토론을 빙자한 음주가 다반사였고, 일을 마치고 집에 오면 친구가 날 맞았다. 게임 중 '내일 제주도 갈까?'라는 제안에 다음 날 제주 올레길을 걷기도 했다. 그들과 함께하는 시간이 즐거웠다. 다양한 경험만이 행복을 만든다고 믿고 살았다. 가장이 되고 아이가 태어난 후, 경험만으로는 진짜 행복을 만들지 못한다는 사실을 깨달았다. '괜찮은 미래'가 어떤 것인지 제대로 묻지도 않은 채 달리기만 했던 지난날을 되돌아봤다. 미소 짓지만 공허했다. 오랫동안 현실에 파묻혀 시간을 흘려보냈다. 청춘의 기억도 감성도 옅어져 갔다.

필사 시간이 쌓이며 잃어버린 감정이 되살아났다. 꿈을 이룬 사람들의 생각을 써 내려가면서 마음이 다시 뜨거워졌다. 장애를 극복하고 원하는 미래를 쟁취한 사람의 이야기가 용기를 전염시켰다. 사소한 일상을 위대한 개인의 역사로 바꾼 인생 이야기에 가슴 뛰었다. 행복은 자기 가능성을 발견하고 스스로 설정한 한계를 뛰어넘는 데 있다는 것을 알게 되었다. 그토록 갈망하는 '보통의 삶'이란 '더 행복해질 기회'를 내주고 얻은 결과물일 수 있음을 깨달았다.

'평범'이란 아직 발현되지 않은 '특별함'이다. 누구든 특별함을 가지고 있다. 그것은 특별한 노력에서 나온다. 이를 수많은 사람이 필사 노트에서 온몸으로 증명하고 있다. "당신이 할 수 있다고 생각하든, 할 수 없다고 생각하든, 당신은 옳다."라는 헨리 포드의 말은 사실이다. 특별하다고 믿는 사람은 결국 자신의 특별함을 찾아낸다. '평범'이란 범주에 자발적으로 갇힌 이들은 아무리 재능의 증거를 보여줘도 그냥 지나친다. 우린 스스로 규정한 자기 모습 그대로 미래를 마주한다. 삶은 생각한 대로 펼쳐진다.

이제 '하나의 경험'에 집중하는 삶을 산다. 경험 또한 양보다 질의 문제다. 매일 새벽 경험하고픈 미래를 뚜렷하게 그린다. 실제 그 장면으로 들어가 본다. 사람들의 목소리도 듣고, 표정을 읽고, 내 감정도 살핀다. 머지않아 보게 될 그 장면이 영화처럼 마음속에서 재생된다.

작년 겨울 첫눈 내린 다음 날 아침, 직장에서 나눈 얘기를 떠올려 본다.

"어제 첫눈 올 때 소원 빌었어?"
"아니."
"왜? 바라는 게 없어?"
"아니. 소원은 매일 새벽에 빌고 있어. 일 년에 한 번 빌어서 하늘에 닿겠어?"

농담 반, 진담 반 나눈 대화 중 변화를 실감했다. 더 이상 경험 자체에 의미를 두지 않는다. 뚜렷한 하나의 미래만을 목표로 삼는다. 현재와의 격차는 중요하지 않다. 바라는 그림이 얼마나 선명한지, 이루고자 하는 욕망의 강도만이 문제가 될 뿐이다.

꿈을 가진 자는 모두 젊다. 청춘이다. 청춘(青春), 푸른 봄이란 비유가 얼마나 적절한가. 봄은 기대를 품고 있다. 여름의 성장을 앞두고 있다. 가을 열매를 상상하는 것만으로도 설레는 계절이다. 황량한 봄 밭에 씨뿌리는 농부는 꿈이 있다. 그는 보이지 않는 가을 수확을 마음의 눈으로 본다. 만들고 싶은 미래가 있기에 웃으며 거름 줄 수 있다. 상황과 나이를 핑계로 꿈과 멀어진 마흔일곱을 살고 싶지 않다. 꿈꾸기만 하면 봄은 찾아온다. '인생 달력' 3월은 언제든 시작할 준비가 되어있다.

메시지의 상투성은 종종 진실을 무디게 만든다. "나이는 숫자에 불과하다", 이 문구 또한 잦은 인용으로 전달력을 잃은 듯 보인다. 물은 흔하다는 이유만으로 가치 없는 자원이 되지 않는다. 이 상투적 문장 또한 뻔하다고 넘길 말이 아니다. 꿈꾸는 자는 나이를 잊는다. 오히려 나이가 옭아맨 생물학적 한계를 수많은 시행착오가 압축된 지혜로 여긴다. 누적된 삶의 통찰력이 나이가 만든 편견을 지그시 밟고 나아가게 만든다.

난 '점잖다'는 표현을 좋아하지 않는다. '젊지 않다'는 어원이 마음에 들지 않기도 하지만 현실을 대하는 시큰둥한 태도가 느껴져 싫다. 친구와 만나면 어린애처럼 놀고 떠들며 장난치고 싶다. 결혼식에는 한없이 웃고 기뻐하며 축하해 주고 싶다. 장례식에는 끝없이 애도하고 슬퍼하고 위로해 주고 싶다. 나이가 요구하는 이상을 벗어던지고 나답게 행동하며 살고 싶다.

숨겨진 마음속 깊은 공간을 찾았다. 먹어도 먹어도 채워지지 않는 자리였다. 마셔도 마셔도 차오르지 않는 곳이었다. 드라마에 몰입하고 멋진 풍경에 감탄해도 여전히 비어 있었다. 관계가 부여한 책임을 다하고 성실에 걸맞은 행동으로 일관해도 그곳은 진공 상태였다. 꿈을 위한 자리였다. 꿈에 다가서는 시간이 주인이었다. 이제야 비로소 그 공간이 채워지고 있음을 느낀다.

필사가 감성을 깨웠다. 감성은 행동을 자극한다. 생각이 세상 밖으로 나가 자신을 드러내도록 힘을 북돋운다. 움직이는 나를 응원한다. 사소해 보이지만 내겐 거대한 변화를 만들었다. 다시 스무 살 심장이 뛴다. 이번엔 마흔일곱 지혜가 방향키를 잡았다. 열정만으로 모든 게 이뤄질 듯 덤벼들었던 바보가 어느새 성장해 진짜 성인이 되어 곁에 있다. 무모했던 날들을 살아내고 나서야 지금의 내가 되었으니 그 시절 바보 또한 고맙다. 대견하다.

꿈은 마약이다. 중독될수록 이로운 유일한 마약이다. 난 이 마약을 마음껏 탐닉할 작정이다. 살아있는 한 매일 중독자의 삶을 살아내려 한다.

새벽 타고
찾아오는 봄

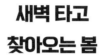

내 인생책 중 하나는 짐 론의 《The Seasons of Life》이다. 2016년 1월쯤 이 책을 처음 읽었다. 0.5cm 남짓 얇은 두께를 보고 별 기대 없이 읽었던 것 같다.

'이 통찰력은 도대체 뭐야!'

감탄의 연속이었다. 저자의 지혜를 흡수하고 싶었다. 방법을 고민하다가 소리 내 읽어보기로 했다. 1년여 동안 아침 출근 후 회의실에서 20분 정도 그 책을 낭송했다. 울림이 큰 문단은 소리 내서 읽고 또 읽었다. 아홉 번째 낭송이 마지막이었던 것 같다. 이유는 모르겠지만, 어느 순간 이 책은 대단하다는 인상만 남기고 오랜 기간 거실 책장에 꽂혀 있었다.

2023년 3월쯤 아내와 카페에서 우연히 그 책 이야기를 나눴다. 낭송할 때 받은 감동을 한참 자주 얘기해서 아내도 기억하고 있었다. 그때 대화를 계기로 다시 한번 그 책을 꺼내 들었다. 이번엔 필사 노트에 담고 싶은 문단을 쓰기 시작했다. 내 생각을 덧붙여 썼다. 스스로 질문하고 답을 써보기도 했다. 잊힌 감동과 흥분이 되살아났다. 마지막 페이지를 넘기고 다시 필사 노트를 읽어보며 요약했다. 다음은 그 요약문이다.

"우리는 자기 고유의 삶을 산다. 모든 사람에게 적용되는 삶의 정답은 없지만 반복되는 패턴이 있다. 봄, 여름, 가을, 겨울 찾아오는 인생 계절이 바로 그것이다. 인생 계절을 나면서 가장 중요한 것은 태도임을 기억해야 한다. 태도는 환경에 영향을 받는다. 그러므로 늘 내 안으로 들어오는 말과 글, 행동을 경계해야 한다. 성공적인 삶을 위해 갖춰야 할 두 가지 조건이 있다. 하나는 태도 형성에 영향을 주는 부정적 사람을 알아보는 지혜를 가지는 것이다. 또 다른 하나는 그들을 멀리할 수 있는 용기를 갖는 것이다. 관계는 중요하다. 하지만 내 인생이 더 중요함을 잊지 말아야 한다.

봄은 기회의 계절이다. 꾸물거리거나 지난 풍작의 기쁨이나 흉작의 쓰라림을 회상할 여유가 없다. 아름다운 풍광으로 정신을 멍하게 만든 후, 잠시 자신을 드러내고 떠나버리기 때문이다. 그러니 봄이 오면 즉시 풍요로운 가을 들녘을 상상하며 부지런히 움직여라. 여름은 보호의 계절이다. 모든 선(善)은 공격받는다. 벌레와 잡초가 성과를 방해할 때 불평불만으로 시간을 허비하지 마라. 그것은 방해꾼이 아니라 성공 자격을 심사하는 심판관 지위에 있다. 그러므로 여름에는 끊임없이 발생하는 문제를 해결하기 위해 뛰어라. 가을은 기쁨과 고통의 계절이다. 누군가는 수확의 즐거움을 맛본다. 다른 누군가는 걱정과 불안 속에 힘들어한다. 겨울이 얼마나 길고 추울지는 가을이 되면 결정된다. 뿌린 대로 거둔다는 진리를 온몸으로 체험하는 계절이 바로 가을이다. 가을이 지나면 겨울이 온다. 그러나 인생의 겨울은 예고 없이 닥친다. 준비된 자는 또 하나의 봄을 맞이할 것이고, 준비되지 않은 자는 혹독한 대가를 치른다. 지난날 허비한 시간의 무게만큼 후회의 무게를 견뎌야 한다. 어떤 겨울에 있더라도 성찰하고 배우고 익히면서 다음 봄을 준비해라. 봄은 언제나 온다.

상황이 쉬워지길 바라지 말고 좀 더 많은 어려움이 있길 기도해라. 바로 그 어려움으로부터 성공 의지와 인격이 만들어진다. 그러니 지금 실패했다면, 한계를 느낀다면 신께 감사해라. 당신은 지금 성공 이야기의 첫 페이지를 쓰고 있는 것이니까. 우리가 어떤 선택을 하든 세상은 상관하지 않는다. 그러니 연민 위에 당신을 놔두지 말고 성공에 도전해라. 당신의 탁월함을 세상에 남겨라. 우리는 결국 한 번 살지 않는가."

요약문 아래 '하루=4계절' 짧은 등식을 썼다. 인생은 사계절과 비슷하다. 하루 또한 사계절을 닮았다. 24시간 표를 그리고 사등분 해 보았다. 위에서 말한 삶의 패턴이 하루에도 있지 않을까 생각했다. 하루를 사계절 관점으로 살아봐야겠다는 생각이 들었다. 호기심으로 공부했던 명리학에서 12간지 시간표를 빌려 왔다. 인시(寅時: 새벽 3시~5시)가 봄의 시작과 일치했다. 하루의 봄을 새벽 3시부터 아침 9시까지로 설정했다. 여름, 가을, 겨울은 순서대로 6시간씩 배분했다. 다이어리 주간 계획표 양식을 바로 편집했다. 1년 같은 하루가 탄생했다.

다음 날 평소처럼 새벽 5시쯤 일어났다. 조금 일찍 하루를 시작한다는 뿌듯함이 늘 있었는데 그날은 아니었다. 사계절 시간표에 따르면 벌써 봄의 삼 분의 일이 지나버렸다. 《The Seasons of Life》에서 말한 것처럼 봄은 기회의 계절이다. 새벽 5시, 밖은 아직 어두웠다. 그러나 1년 시계로 계산해 보니 잠으로 3월을 그냥 보내버린 꼴이었다. 다음날부터 기상 시간을 3시로 바꿨다. 대신 일찍 잠자리에 들었다. 가족에게 양해를 구하고 운동하고 식단을 조절하고 여러 날 시행착오를 겪었다. 그리고 이제는 알람 시계 도움 없이도 3시 전 눈을 뜬다. 하루의 봄이 오기 전 오늘을 시작한다.

봄에는 오로지 미래에 집중한다. 일어나면 책을 읽고 필사한다. 꿈을 이룬 사람과의 만남을 노트에 기록한다. 명상하면서 원하는 나를 선명하게 그린다. 공부하고 책을 쓰면서 Second Brain 시스템을 업데이트한다. 꿈만 생각하고 행동한다. 그 밖의 모든 일은 두 번째다. 하루의 봄은 내가 가장 살아있는 시간이다.

오전 9시부터 여름이 시작되고 문제 해결을 위해 움직인다. 오후 3시부터 잠들기 전까지 하루의 가을을 보낸다. 차분히 하루를 돌아보고 생각을 정리한다. 아쉬웠던 부분을 점검하고 내일을 계획하는 시간이다.

밤 9시가 되면 하루의 겨울이 시작된다. 겨울은 휴식의 계절이다. 최고의 휴식은 잠이다. 밤 8시가 넘으면 잠이 오기 시작한다. '겨울잠' 준비할 시간이 왔다는 신호다. 내일 '새벽 봄'에는 에너지 충만한 내가 되니 밤늦게까지 날 붙잡아 둘 이유가 없다. 겨울은 온전히 봄을 위해 투자하기로 마음먹었다. 특별한 일이 없으면 밤 9시 전 무조건 잠자리에 든다. 기절하듯 잠든다.

4계절 프레임으로 바라보는 하루는 느낌이 새롭다. 20대만 인생의 봄이 아니다. 봄은 매일 찾아온다.

필사 노트에 '하루=4계절'이라는 등식을 적지 않았다면 어떻게 되었을까? 그냥 열 번째 낭송으로 이어졌다면 오늘 같은 하루를 만들지 못했다. 봄 같은 새벽은 없었다. 새로운 생각을 펼치고 실행 계획을 세우는 필사 시스템이 있어 가능했던 일이었다. 단순히 문자를 베낀다고 변화가 일어나지는 않는다. 필사는 글쓴이의 생각과 감정을 깊이 느껴보게 한다. 내 다음 생각이 어떻게 펼쳐질지 눈으로 확인하게 만든다. 그리고 행동하게 한다.

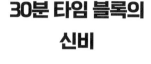

30분 타임 블록의
신비

~~~ **3** ~~~

　대학 동기 중 제주도에서 돌담 기술자로 일하는 친구가 있다. 10여 년 전 같은 회사에 다녔다. 난 해외 영업팀장으로, 그 친구는 품질 관리팀장으로 일했다. 직위만 팀'장'이지 신생 해외 영업 부서라 모든 일을 혼자 알아서 감당해야 했다. 친구는 1년 후 이직하여 다른 회사에서 일하다가 어느 날 홀연 제주도로 내려갔다. 거기서 돌담 쌓는 일을 시작했다. 원래 배움에 능하고 손재주가 있어 기술 습득이 빠른 친구다. 3년간 돌담 경력을 차곡차곡 쌓더니 본인 사업체를 차렸다. 이제는 자리를 확실히 잡아 꽤 사장 포스를 풍긴다.

　술자리를 함께하다가 친구가 보여준 돌담 사진을 보며 많이 놀랐다. 운치 있고 예뻤다. 여러 모양 돌들이 서로 맞물려 조화를 이뤘다. 작은 돌들이 빈틈없이 사이사이를 채우며 단단히 고정된 모습이 짜임새 있었다. 세세한 작업 과정과 공들인 노력을 듣다가 문득 돌담이 시간과 닮았다는 생각이 들었다. 우리에게는 얼마나 다양한 타임 블록이 존재하는가. 40분, 45분, 50분 수업과 10분 휴식으로 이뤄진 학교 수업이 있다. 60분 점심시간이 있고 2시간 작업 시간도 있다. 인생 전문가들은 돌담처럼 일상을 자신만의 타임 블록으로 촘촘하게 메운다. 우선순위와 효율성을 고려하여 하루 시간을 탄탄하게 쌓아 올린다. 그날 본 돌담의 첫인상이 강렬해서 잔상이 오래 남았다.

며칠 후 그랜트 사바티어의 《파이낸셜 프리덤》을 읽는 중 내게 주어진 하루 평균 자유시간을 필사 노트에 계산하고 있었다. 분 단위로 계산하는데 요일에 따라 가용 시간이 달랐다. 대략적인 수치를 파악하다가 갑자기 돌담 생각이 났다. 잠시 재미 삼아 노트에 돌담을 그렸다. 83분, 60분, 42분, 내가 그린 돌의 크기에 비례하여 시간을 적어봤다.

'잠깐, 벽돌도 돌이잖아!'

순간 번뜩이는 아이디어가 떠올랐다. 시간 블록의 관점이 바뀌었다. 반듯하고 깔끔한 벽돌로 담을 쌓는 작업이 훨씬 수월해 보였다.

시간 표기 방법에 변화를 줬다. 30분을 기본 타임 블록으로 설정하고 0.5로 표시했다. 90분은 1.5, 2시간은 2.0이 되는 셈이다. 순식간에 하루 자유시간이 몇 개의 타임 블록으로 축약되었다. 시간 계획표 짜는 게 너무 간단해졌다. 해야 할 일을 적고 그 옆에 몇 개의 타임 블록을 사용할 건지 적었다. 이때부터 내 하루를 '30분 타임 블록 프레임'으로 보기 시작했다.

'필사 독서 30분' 타이머를 켜고 책을 읽기 시작한다. 타이머가 울리면 타임 스탬프 앱으로 필사 노트를 찍는다. 사진에는 30분 독서 중 핵심 내용을 입력한다. 언제, 어디서, 무슨 책을 얼마나 읽었고 그 내용이 무엇인지 한 번에 정리된다. 요즘 책 읽을 때 어떻게 내용을 요약할 것인지 고민하는 나를 자주 발견한다. 목적 있는 독서에 한 걸음 더 다가선 느낌이다.

영어 듣기를 연습하거나 오디오북을 들을 때도 마찬가지다. 타이머를 설정하고 진동이 울리면 가장 인상적이라고 판단하는 내용을 기록한다. 영어 듣기 훈련은 핵심 문장을 세 번 녹음해 저장하는 것으로 타임 블록을 완결한다. 해당 음성파일명은 타임 스탬프를 대신하여 날짜 6자리, 시간 4자리, 총 10개의 숫자로 저장한다.

'240116 1920'

소리 파일은 그 자체로 2024년 1월 16일 저녁 6시 50분부터 7시 20분까지 영어 듣기를 완료하고 남긴 결과물이다. 벽돌 쌓듯 타임 블록이 하나씩 쌓여가는 게 보인다. 노력의 결과물을 바로 확인할 수 있어 작은 성취감을 준다.

'30분 타임 블록' 적용으로 집중력이 높아졌다. 산책하며 강의를 들을 때 확실히 잡념이 적어졌다. 러닝 머신에서 오디오북을 들을 때도 저자가 전달하려는 핵심이 무엇인지 파악하는 데 노력한다. 타이머 버튼을 누르는 순간 테스트에 들어가는 것 같다. 얼마나 인생 30분을 충실하게 살았는지 심판대에 서는 느낌이다. 개선을 위한 평가이며 전진을 위한 되새김질이니 기분 좋은 시험인 셈이다.

> "남들보다 앞서나가는 비법은 시작하는 것이다. 시작하는 비법은 복잡하고 과중한 작업을 할 수 있는 작은 업무로 나누어, 그 첫 번째 것부터 착수하는 것이다."
>
> - Mark Twain

다른 이보다 앞서기 위해서는 먼저 시작해야 한다. 시작은 일을 나누는 것부터 출발한다. 나누면 부담이 줄고 적은 노력으로 성과를 확인할 수 있다. 2시간은 힘겹고, 1시간은 지루할 수 있다. 30분은 누구나 해볼 만하다. 오프라인 강의나 세미나 참석 때도 이 타임 블록 기준으로 내용을 정리한다. 학습 효율성이 높고 남는 게 확실하다. 시간만큼 나누는 게 쉽고 명확한 생산 요소가 없다. 시간 경계에 따라 내용을 요약하고 그것들을 다시 조립하면 전체 그림이 드러난다.

시작만 하고 완료하지 못한 계획이 얼마나 많았나. '30분 타임 블록'은 오직 완수한 일만 기록으로 인정한다. 중간에 무슨 변수가 생기든 어떤 상황과 연루됐든 상관없다. 해당 과제를 30분 동안 집중하며 완수했는지가 기록되기 위한 단 하나의 조건이다. 그래서 한번 타이머를 켜면 완료 신호가 울릴 때까지 쉽게 다른 일로 전환하지 않는다. 문자 확인이나 전화도 긴급한 일이 아닌 이상 '30분 타임 블록' 완성 이후로 미룬다. 우선순위가 명확해졌다.

30분 형틀로 시간을 주조했다. 타임 블록이 일상을 몇 개의 숫자로 표시해 줬다. 주간 계획표에 쌓아 올린 타임 블록 기록을 보면 돌담 못지않게 예쁘다. 뿌듯하다. 주어진 공백 안에 블록을 최대한 넣으려는 의지가 보인다. 제주 친구는 돌담 장인으로 거듭나고 있다. 나는 타임 블록 전문가로 성장하려 한다.

필사의 대상은 책에만 있는 게 아니다. 27년 지기 친구가 쌓아 올린 돌담 사진에서 내 일상을 바꿀 아이디어가 나올 것이라 누가 알았겠는가. 보고 듣고 느끼는 모든 게 필사 노트로 소환될 수 있다. 글과 그림이 만나기도 하고, 소리와 이미지가 결합하기도 한다. 생각과 생각이 만나 새로운 생각으로 재탄생하기도 한다. '생각의 화학 반응'이 필사 과정 중 기록된다. 딱 30분만 해야 할 일에 집중해 보라. 완료하면 성과를 남기자. 작은 대견함이 느껴질 것이다.

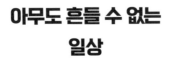

아무도 흔들 수 없는
일상

～～～ 4 ～～～

"조국의 독립을 위해 평생을 헌신하신 홍범도 장군님의 귀환을 모시게 되어 영광입니다. 지금부터 대한민국 공군이 안전하게 호위하겠습니다. 필! 승!"

2021년 8월 15일, 대한민국 공군 수송기가 홍범도 장군 유해를 싣고 영내에 진입하자 6대 전투기가 엄호 비행에 나섰다. 좌우 세 대씩 각기 다른 기종의 전투기가 예포를 쏘며 최고 예우를 다했다. 조국 광복을 보지 못하고 돌아가신 지 78년이 흘렀다. 장군은 100년 만에 고국으로 돌아왔다.

장군 유해가 수송기에서 내려 마침내 대한민국 땅을 밟았다.

애국가가 흘러나왔다.

"동해 물과 백두산이 마르고 닳도록 하느님이 보우하사 우리나라 만세"

낯설지 않은 〈올드 랭 사인(Auld lang syne)〉 노래 멜로디를 빌린 애국가가 가슴을 파고들었다. 슬픔과 감동이 교차했다. 약소국의 고난과 설움이 가사를 통해 전해졌다. 동시에 대한민국 국민으로서 자부심이 느껴졌다. 나라다운 나라에서 살고 있다는 사실에 감사했다.

힘이 없으면 지킬 수 없다. 힘이 약하면 국가는 물론이거니와 가족도, 나 자신도 비굴함을 감내해야 한다. 다큐멘터리 '동물의 왕국'을 보면 약자는 늘 긴장 속에서 하루를 산다. 작은 소리에도 놀라 풀을 뜯다 말고 전속력으로 도망가는 순록을 목격한다. 질주하는 순록의 마음을 이해한다. 야생에서 힘이 약하다는 것은 설움을 넘어 목숨이 걸린 문제. 동물 세계에서 약자는 24시간 안정을 누릴 수 없는 운명이다.

세상은 고수에겐 놀이터지만 하수에겐 전쟁터다. 인간이나 동물이나 힘에 의한 질서는 별반 다르지 않다. 단, 다른 점이 하나 있다면 인간은 '진화'할 수 있다는 것이다. 사슴으로 태어났어도 늑대를 거쳐 호랑이가 될 수 있다. 원숭이 무리에서 놀다가도 독수리가 되어 창공을 누비기도 한다. 동물에게 힘이란 싸울 때 필요한 물리적 힘을 의미한다. 인간의 힘은 다르다. 생각하는 힘과 행동하는 힘이 강자와 약자를 가른다. 깨달음과 노력으로 그 힘을 키울 수 있다.

사람은 변하기 때문에 무섭다. 사람은 변할 수 있기에 위대하다. 홍범도 장군의 장엄한 귀환을 지켜보며 나라를 지키지 못해 더부살이하듯 중국에서 연명하던 조선인을 떠올려봤다. 굴곡의 시간을 거쳐 김구 선생님이 꿈꾸던 '문화 강국'으로 발돋움하는 대한민국 현재와 비교해봤다. 도저히 연결할 수 없을 것 같은 간극을 선조들이 이어붙였다. 지성의 힘으로, 성실의 힘으로, 꾸역 꾸역 변화를 만들어온 결과였다.

> "용광로에 불을 켜라. 새 나라의 심장에 철선을 뽑고 철근을 늘이고 철판을 펴자. 시멘트와 철과 희망 위에 아무도 흔들 수 없는 새 나라 세워 가자"
>
> - 김기림 〈새나라 頌〉

2019년 8월 15일, 제74주년 광복절을 맞아 문재인 대통령은 '아무도 흔들 수 없는 나라'라는 제목으로 경축사를 전하며 해방 직후 광복을 맞은 새 나라의 꿈을 노래한 김기림의 시를 인용했다.

"…그러나 '아무도 흔들 수 없는 나라'는 아직 이루지 못했습니다. 아직도 우리가 충분히 강하지 않기 때문이며, 아직도 우리가 분단되어 있기 때문입니다… 우리는 '아무도 흔들 수 없는 나라'를 만들 수 있습니다. 오늘의 우리는 과거의 우리가 아닙니다. 오늘의 대한민국은 수많은 도전과 시련을 극복하며 더 강해지고 성숙해진 대한민국입니다. 저도 오늘 '아무도 흔들 수 없는 나라', 우리가 만들고 싶은 새로운 한반도를 위해 세 가지 목표를 제시합니다."

아직 우리가 충분히 강하지 않기에 흔들리고 있음을 간접적으로 표현하고 있다. 하지만 더 이상 낮은 자존감에 갇힌 약소국이 아님을 분명히 말한다. 이후 아무도 흔들 수 없는 나라를 만들기 위한 첫째 목표로 '경제 강국'을 제시했다. 자본주의가 지배하는 지구촌에서 국가 서열은 결국 경제력으로 결정된다. 개인의 지력과 행동력의 총화가 재력으로 대표되는 세상에서 자연스러운 우선순위로 보인다. 흔들리지 않기 위해서는 국가도 개인도 모두 경제적 강자가 되어야 한다.

필사록을 채운 위대한 인물의 역사는 힘의 진화를 담고 있다. 하수의 어설픔에서 고수의 능수능란함에 이르는 그 변천 과정을 보여준다. 시작은 절망적이다. 꿈은 사치고 현실은 지옥이나 다름없는 일상이 그들의 출발점이다. 하지만 변화를 거듭한다. 그 변화의 원동력은 단연 책과 기록이다. 책을 통해 생각하는 힘을 키웠고, 기록을 통해 행동하는 힘을 강화했다. 서서히 일상이 바뀌고 1년이 바뀌고 인생이 바뀌는 파노라마가 놀랍도록 유사하게 펼쳐진다.

> "必死卽生 必生卽死 (필사즉생 필생즉사)"
> 반드시 죽으려 하는 자는 살 것이고,
> 반드시 살고자 하는 자는 죽을 것이다.

명량해전을 앞두고 충무공 이순신이 《난중일기》에 남긴 문장이다. 이 문구를 필사하며 그 아래 나에게 전하는 메시지를 다음과 같이 적었다.

> "不便卽便 便卽不便 (불편즉편 편즉불편)"
> 불편을 무릅쓰면 편해지고,
> 편해지고자 하면 불편해진다.

편함을 추구하며 살았던 지난날을 돌이켜봤다. 그 결과를 곰곰이 생각했다. '나의 몸'과 '나의 뇌'이지만 때론 내 편이 아닐 수 있다. 이 녀석들은 에너지가 적게 드는 선택을 사랑한다. 내가 원하는 나와 거리가 멀다. 몸의 속삭임은 달콤하다. 뇌의 설득은 논리정연하다. 이제 속지 않는다. 불편함을 감수하면 이내 편안함이 찾아온다. 편안함만 쫓다 보면 곧 불편함이 커진다. 이제 이 원칙이 일상의 선택을 결정하는 기준이 되었다.

난 안정주의자다. 그래서 어떠한 상황에서도 흔들리지 않는 안정된 일상을 원한다. 아무도 함부로 흔들 수 없는 내가 되길 원한다. 그 일상을 구축하는 유일한 길은 생각과 행동의 힘을 키우는 수밖에 없다는 것을 잘 안다. 이른 새벽 책을 펼치고, 필사하고, 꿈을 소환하고, 탁월한 하루를 구상하는 이유가 바로 여기에 있다. 실행으로 채워진 시간만이 안정된 일상의 지지대가 될 수 있다. 평범을 뛰어넘고자 하는 사고력과 행동력만이 안정을 위한 진짜 비용이라는 것을 매일 기억한다.

Chapter.4

퍼스널 브랜딩을 시작하다

나만의
길 찾기

~~~ **1** ~~~

A Journey to Be Myself

삶에 대한 나의 재정의다. 다이어리 첫 페이지에 이렇게 적어 놨다. 한 사람이 광야에서 걸어가는 뒷모습이 배경 그림이다. 조금 두꺼운 용지로 인쇄한 이 종이는 인생 카테고리 구분을 위한 첫 장이다. 사는 건 결국 나를 찾아가는 여정이다.

나를 알아가는 것, 매력적인 일이다. 그러나 나에겐 힘겹고 어려운 과제였다. 남들은 쉽게 자기 길을 찾아 멋진 삶을 만들어 가는 것 같았다. 유독 나만 길을 헤매고 있는 듯 보였다. 돌고 돌아서 찾고 또 찾았다. 보이지 않았다. 어떤 길을 발견해도 확신이 서지 않았다. 당연하다. 밖에서만 찾으려고 했으니 보일 리가 있나. 길은 내 안에 있었다. 날 위해 마련된 최적화된 일이 존재할 것이라 믿던 것 같다. 어리석은 생각이었다.

몽골 대평원 한가운데 서면 길이 없다. 내딛는 걸음 하나하나가 고유의 길을 만든다. 인생길도 이와 같다. 원하는 대로 가면 그것이 곧 길이 된다.

'이 길로만 가야만 해.'

얼마나 많은 사람이 사회가 정한 '허상 길'을 걸어가려 애쓰는가. 나도 예외가 아니었다. 왜 있지도 않은 그 길을 애써 걸으려 하고 조금만 벗어나도 패배감을 느꼈던가. 길은 오직 내가 만드는 것임을 마음에 아로새기고 나서야 자유로워졌다.

울림 있는 행적을 남긴 인물들의 삶은 시행착오로 가득하다. 단 한 명도 처음부터 자기 길을 찾고 똑바로 걷지 못한다. 성공 이후 보여주는 여유와 확신을 태어날 때부터 장착한 이는 없다. 다른 이가 닦아 놓은 길을 그대로 따라가는 사람은 역사에 이름을 새길 수 없다. 자신만의 길을 구상하고 고유 업적을 남긴 사람만이 당당하고 멋진 삶을 일구어낸다.

사회화라는 이름으로 심어진 편견과 고정관념이 내 길을 가로막고 있었다. '내면의 쌩얼'을 찾는 데는 오랜 시간이 걸렸다.

"배워서 남 주냐. 공부해라."

어릴 적부터 어른들에게 수도 없이 듣던 공부해야 하는 이유다. 제대로 배워 남을 도와줘야 성공하는 세상이다. 가치를 나눌수록 부자가 되는 시대가 되었다.

'가족밖에 없다. 아무리 친해도 모두 남이다.'

가족이라고 해서 모두 현명한 조언을 하지는 않는다. 항상 내 용단을 지지하고 응원해주지는 않는다. 누군가의 가족일 수밖에 없는 우리 각자가 모두 지혜로울 수 없지 않은가.

필사 노트에 당당한 삶의 기록이 쌓이면서 나 또한 그들 마음가짐을 닮아갔다. 서서히 내 길이 보이기 시작했다. 내가 어떻게 생겨 먹은 사람인지 알려주는 장면을 되돌아봤다. 뭘 좋아하는지, 무엇을 싫어하는지 감정의 경험치를 정리했다. 내가 만나고픈 나를 상상했다. 그 모습이 내 길을 찾는 이정표가 되어 주었다. 좋아하는 것들을 모아 놓으니 나라는 사람의 쓰임새가 보였다.

난 정리를 좋아한다. 생각과 주변을 정리하는 데 능숙하고 불필요한 관계를 정리하는 데도 익숙하다. 이는 방치된 환경이나 번잡한 인간관계를 싫어하는 성향과도 궤를 같이한다. 정리의 기본은 버리기다. 물건을 버릴까 말까 고민되면 일단 버리는 쪽을 택한다. 고민하는 것 자체가 당장 내게 필요한 게 아니라는 것을 증명하기 때문이다. 물건, 생각, 관계, 어떤 것이든 정리되지 않은 상태는 그 자체로 내게 스트레스를 준다. 모두 끝내야 할 일처럼 느껴지기 때문이다. 정리·정돈된 환경은 마음을 가볍게 만든다. 성격과 관련하여 가장 눈에 띄는 장점 중 하나가 바로 정리하는 능력이다.

창의적으로 체계를 잡는 것도 좋아한다. 이는 강점 검사를 통해 드러난 첫 번째 주요한 특징과 관련 있다.

'창의성(독창성, 창의력): 새로운 업무처리 방식에 대해 고민하는 것은 당신이 누구인지를 보여주는 중요한 요소이다. 당신은 더 좋은 방법을 생각할 수 있음에도 기존의 방식만을 고집하는 것에 결코 만족하지 못한다.'

그래서 늘 새로움에 대한 갈증이 큰 것 같다. 여행을 사랑하고 책 읽기를 좋아하는 것 역시 기분 좋은 낯섦을 즐기는 기질의 연장선에 있다. 이질적 환경에 대한 거부감이 적고, 적응이 빠른 것도 창의성과 연결된 나의 유의미한 특성이라 생각한다.

정리, 체계, 창의성, 그리고 독서를 한데 모으니 뚜렷한 교집합이 보였다. 어느 것 하나 필사와 연결되지 않은 게 없었다. 지난 5년, 필사를 통해 탄탄한 나만의 일상을 구축했다. 그토록 평범한 내가 신세계 같은 일상을 만들어냈다면 다른 사람들도 가능하지 않겠는가. 지금까지와는 전혀 다른 인생을 살아보고픈 사람들에게 새로운 하루를 살아갈 수 있게 도와줄 수 있다는 확신이 들었다. 새로운 일상의 '기반 시설' 설계자로서 내 쓰임을 발견한 것이다.

'Second Brain Architect'

내 이름 석 자 앞에 새로운 직업명을 새겨 넣었다. 세상에 단 하나밖에 없는 직업이다. 필사록에 써 내려간 그 수많은 생각을 체계화하고 행동으로 옮기는 데 에너지를 쏟아왔다. 이제 그렇게 다져진 철학과 생산 시스템을 다른 이들과 공유하고 싶다. 무엇을 꿈꾸든 그 목적지로 매일 다가서게 만드는 일상을 설계하는 조력자가 되고자 한다. 내가 겪었던 시행착오를 줄이고 새로운 하루와 일찍 만날 수 있도록 해주고 싶다.

결핍이 결핍된 시대라 말한다. 그 어떤 과잉보다 과도한 정보가 우리를 압도하는 일상을 맞이한다. 최신 정보를 업데이트하지 않으면 뒤처지는 느낌이 든다. 새로운 지식을 습득하지 않으면 옛사람이 되고 마는 것 같다. 지하철, 버스, 식당, 카페, 심지어 도로를 건널 때도 휴대전화 스크린에 몰입하고 있는 사람들을 발견한다. 끊임없이 세상 정보를 흡수하고자 영상과 소리에 집중한다. 나를 잊고 세상을 쫓아가는 사람들을 날마다 어디에서나 발견한다.

나를 아는 게 먼저다. 자신을 제대로 알지 못하면 제아무리 많이 알아도 다른 사람의 삶을 살게 된다. 타인의 목표를 이루기 위한 도구로밖에 쓰이지 못한다. 더 이상 뉴스를 업데이트하는 데 시간을 보내지 않는다. 그들이 중요하다고 뽑은 정보를 그대로 수용하지 않는다. 인기 있다는 이유만으로 특정 영화나 드라마를 보는 데 시간을 투자하지도 않는다. 내가 누구인지 알았으니 이제 내게 맞는 길을 가는 데 집중할 뿐이다.

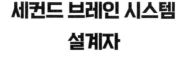

세컨드 브레인 시스템 설계자

～～ 2 ～～

"By thought, the thing you want is brought to you.
By action, you receive it."

(생각하면 원하는 게 당신에게 다가옵니다. 행동하여 받으세요.)

- Wallace D. Wattles, 《The Science of Getting Rich》

옛날의 나라면 '설마!'를 혼자 나지막이 외치며 그냥 지나쳤을 말이다. 이젠 고개를 끄덕이고 필사 노트에 적는다. 언제라도 생각날 때 다시 찾아볼 수 있도록 디지털 노트 앱에도 저장한다. 꿈은 내면에서 생생히 펼쳐진 다음에야 밖으로 모습을 드러낸다. 꿈의 순서를 안 이상 원하는 미래가 생기면 생각을 구체화하고 글로 표현하는 게 자연스러워졌다.

Second Brain Architect로서 어떻게 새로운 일상을 설계할 것인지 생생히 전달해보고자 한다. '나만의 Second Brain System'을 목표로 하는 4주 과정을 구체적으로 설명해보려 한다. 즉각적 성과가 보상으로 주어지고 나도 할 수 있겠다는 확신이 스며드는 시간이 될 것이다. 생각을 바꾸는 결심 하나만으로 얼마나 세상이 다르게 보일 수 있는지 느꼈으면 좋겠다.

총인원은 12명으로 제한한다. 3인 4그룹을 기본 원칙으로 하며, 그룹별 리더와 매니저가 있다. 리더는 그룹별 과제 수행을 책임지고 매니저는 팀원 성과를 기록하는 역할을 맡는다. 강의는 30분 수업과 30분 활동을 기본 틀로 한다. 25분간 배우고 5분간 타임 스탬프를 통해 중요 내용을 간략히 메모하면서 '30분 블록 타임 효과'를 직접 느끼게 된다.

모든 참석자는 노트북을 필수 지참하고 나머지 필요 물품은 모두 준비되어 있다. 강의 시간뿐만 아니라 매일 미션이 주어지고 하루를 기록하는 습관이 과정 중 형성된다. 그냥 그렇게 좋은 말 몇 마디만 머릿속에 맴도는 강의로 기억되고 싶진 않다. 삶의 근간을 바꾼 한 달로 각인되게 만드는 게 내 최종 목적이다.

1주차 강의는 세컨드 브레인의 사령관 '핸디 브레인'을 완성하는 데 초점이 맞춰진다. 천편일률적인 다이어리 양식에서 벗어나 나만의 일상을 기록하고 통제할 수 있는 양식을 그 자리에서 직접 만든다. 인쇄까지 완료하면 바로 양식지로 사용해 당일부터 시간을 지배하게 될 것이다. 마인드맵을 활용하여 비전 보드를 작성하고 포부를 밝히는 기회도 가질 것이다. 꿈을 말하고 이루겠다는 선언 하나만으로도 가슴이 웅장해질 수 있다. 세상에 단 하나밖에 없는 포맷에 자기 시간을 통제하고 성과를 기록해 나갈 때의 그 뿌듯함을 모두 느꼈으면 좋겠다.

2주차 강의는 '바인딩 브레인'의 효율적 사용에 집중할 예정이다. 첫 주 성과와 문제점을 되돌아보고 그 해결책을 제시하는 시간도 가질 것이다. 바인딩 브레인은 필사의 토대가 된다. 각자 준비한 책을 읽고 직접 필사하고 느낌을 적어 공유하는 시간이 바로 이 2주차 과정의 핵심이다. 필사가 어떻게 정신을 바로 세우고 흔들리지 않는 일상을 만들어낼 수 있는지 체험하게 될 것이다.

3주차 강의는 '디지털 브레인'의 사용법을 익히고 자신만의 템플릿을 구축하는 데 시간을 투자한다. 필사 기록뿐만 아니라 정보를 어떻게 메모앱으로 정리하여 필요할 때 바로 찾아볼 수 있는지 경험하게 된다. 날마다 디지털 브레인을 업데이트하는 시간을 확보하여 마지막 주 발표 시간에 공개한다. 책 쓰기를 위해 독서와 필사가 어떻게 디지털 메모의 힘을 빌려야 하는지 세부 절차를 공개할 계획이다.

4주차 강의는 세컨드 브레인 통합과정이다. 자신만의 세컨드 브레인 시스템의 특징과 성과를 정리하여 팀원끼리 공유하는 기회가 주어진다. 팀을 대표하여 전체를 대상으로 발표하는 시간이 주어진다. 직접 말로 설명하고 발표한 내용만이 장기 기억장치에 저장될 수 있다. 모든 참석자가 이 과정을 통해 배우고 익힌 일상 시스템을 공개하는 것은 벤치 마킹의 장이 된다.

눈부시게 아름다운 미래가 펼쳐지는 출발점이 될 것이다. 변화의 욕망을 가득 안고 찾아온 사람들이다. 그들의 열정을 깨우고 머리가 아닌 온몸으로 강의를 흡수하는 시간으로 만들겠다. 누구든 변하겠다는 결심 하나면 거대한 인생의 방향키를 바꿀 수 있다.

> "어제는 꿈에 지나지 않고 내일은 이상에 불과하다.
> 그러나 오늘을 올바르게 산다면
> 어제는 행복한 꿈이요. 내일은 희망찬 이상이 될 것이다."
> - 칼리다사, 5세기 산스크리트 극작가 & 시인

하고 싶은 일이 생겼다. 되고 싶은 사람이 분명해졌다. 지난날이 고맙고 다가올 날이 기대된다. 예전에 꿈은 늘 먼 거리에 있었다. 이제 바로 옆에서 나를 부른다. 손을 뻗지 않아도 닿을 거리에서 나를 설레게 한다. 기분 좋은 떨림으로 건강한 긴장감을 안겨준다. 필사 노트에 쏟아낸 무수한 고백과 성찰의 시간이 쌓여 내가 누구인지 드러났다. 이제 그 드러난 인물을 직접 만나러 간다.

강의 참관자로 오랜 시간을 보냈다. 이제 세컨드 브레인 시스템 강의 주관자로 나선다. 필사 중 겪은 시행착오와 그 과정에서 무르익은 지혜를 압축했다. 좀 더 많은 이들이 기다려지는 내일을 맞았으면 좋겠다. 탄탄한 일상을 구축하여 늘 감사하며 하루를 보내는 삶이 되길 바란다. 세컨드 브레인 시스템이 누군가의 삶에 파란을 일으킬 날을 꿈꾼다.

Part. III

초필사력 자동화 5단계

Chapter.1

한 문장을 따라 쓴다

필사 80%의 완성, 공명하는 문장 찾기

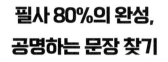

~~~ **1** ~~~

필사(筆:붓 필, 寫:베낄 사)는 문자 그대로 다른 사람의 글을 그대로 베껴 쓰는 것이다. 문장력 기르기, 글 쓰는 방식 습득, 정보 기억하기 등 필사 목적은 다양하다. 그 목적이 무엇이든 필사의 시작은 한 문장 옮겨 적기다. 텍스트를 처음부터 끝까지 베껴 쓰는 걸 필사, 책 쓰기를 목표로 필요한 부분을 뽑아 옮겨 적는 것을 초서, 읽다가 인상적인 부분만 기록하는 것을 초록으로 구분하기도 한다. 하지만 전체든 부분이든 텍스트를 그대로 베껴 쓴다는 관점에서 필사라 부를 수 있다.

처음 책을 펴고 필사 노트에 제목과 저자 이름을 쓸 때는 그 순간을 생생하게 기록하는 게 좋다. '2024년 1월 6일(토) 13:40

○○카페 창가 세 번째 자리에서 - 아내는 카페모카, 아들은 레모네이드 마시는 모습을 지켜보며'처럼 시간과 상황을 구체적으로 그리면 내용과 느낌을 떠올리는 데 도움이 된다.

'타임 스탬프' 앱을 이용하여 책 첫 페이지 사진을 찍고 당시 감정을 간단히 기록하는 것도 또 다른 방법의 하나다. 사진 한 장으로 추억을 소환했던 경험이 있을 것이다. 뒷면에 날짜와 장소를 포함한 부가 정보가 쓰여있다면 그 장면을 더 생생히 떠올릴 수 있다. 내게 필사는 '시간 오려 붙이기' 작업이다. 책 읽는 시간을 자세히 기록하면 한 가지 정보로 딸려오는 기억이 많아진다. 그만큼 떠올리기 쉽다.

필사의 시작은 공명하는 문장 찾기다. 읽다가 다시 한번 눈길이 가는 문장을 그대로 옮겨 적는 것이다. 내 감정을 건드린 문장을 알아봐 주고 노트로 옮겨오면 필사의 80%는 완성된 것이나 다름없다. 사람은 얼굴만큼이나 다른 마음의 모양을 가지고 있다. 똑같은 책을 읽어도 와닿는 부분이 다르고 깨닫는 바가 제각각이다. 내 감정을 믿고 인상적인 문장 하나를 그냥 써 보자.

"글을 잘 쓰려면 왜 쓰는지를 생각해야 한다. 다시 말하지만 글쓰기는 자신의 내면을 표현하는 행위다. 표현할 내면이 거칠고 황폐하면 좋은 글을 쓸 수 없다. 글을 써서 인정받고 존중받고 존경받고 싶다면 그에 어울리는 내면을 가져야 한다. 그런 내면을 가지려면 그에 맞게 살아야 한다. 글은 '손으로 생각하는 것'도 아니요, '머리로 쓰는 것'도 아니다. 글은 온몸으로, 삶 전체로 쓰는 것이다. 논리 글쓰기를 잘하고 싶다면 그에 맞게 살아야 한다."

《유시민의 글쓰기 특강》- 유시민

이 글에서 시선을 멈추게 한 문장이 있는가? 나는 '글은 온몸으로, 삶 전체로 쓰는 것이다'라는 말이 마음에 와닿았다. 그래서 이 문장 그대로 필사 노트에 옮겨 적었다. 그것뿐이다. 특별한 것도 어려운 것도 없다. 책 읽는 것은 눈이고, 생각은 머리로 하지만, 쓰고 싶은 문장인지 아닌지는 전적으로 마음에 달려있다. 느낌이 먼저다. 처음부터 '언젠가는 써먹을 것 같다,' '이런 정보도 있었네,' '알아두면 좋겠는데'라는 생각으로 쓰다 보면 나중엔 감당하기 힘들다. 욕심부리다 주체할 수 없는 필사량으로 버거워했던 과거 내 어리석음을 반복하지 않았으면 좋겠다.

처음부터 너무 많은 정보를 옮겨 적다 보면 핵심을 놓치기 쉽다. 책 읽는 속도가 더뎌지고 정리할 분량도 늘어나 다음 책으로 넘어가기가 어렵다. 그러면 서서히 책 읽는 게 부담되고 피하고 싶은 마음이 생긴다. 적어도 내 경우엔 그랬다. 필사만 한다고 모두 내 것이 되는 게 아니다. 책 한 권에서 한 문장이라도 각인된 감정을 내게 남겼다면 성공한 것이다. 내 생각을 바꾼 단 하나의 문장을 발견했다면 커다란 성과다. 그러니 무엇보다 내 직관을 믿고 처음에는 문장 몇 개를 가볍게 썼으면 좋겠다.

> 독자는 작가와 같다. 그들 역시 책을 읽으면서 자신들의 책을 쓴다. 그들은 자신들의 체험과 사유 한계 속에서만 저자를 이해할 수 있게 된다. '한 권의 책이 읽힐 때마다 다시 한 권의 책이 독자에 의해 쓰여'진다. 책은 그 독자 수만큼의 새로운 버전을 만들어낸다. 그래서 모든 독자는 자신이 읽은 책의 또 다른 저자이기도 하다.
>
> —구본형,《마흔 세 살에 다시 시작하다》

우리는 책을 읽으며 내 버전의 책을 새롭게 쓴다. 필사는 타인의 글을 그대로 따라 쓰는 것 같지만 내 감정의 발자국이 찍힌 일종의 '느낌 노트'다. 내가 갖춰지지 않으면 아무리 유용하고 대단한 지혜가 쓰여 있어도 담지 못한다. 지금 내가 공감하고 받아들일 수 있는 생각을 기록하는 게 '한 문장 따라 쓰기'의 핵심이고 필사의 출발점이다.

수영 배우는데 처음부터 발차기와 손동작, 호흡법까지 익히려 하면 어려워 관두기 쉽다. 더디고 단순하게 보여도 발차기부터 제대로 연습하는 게 중요하다. 발차기가 나중엔 내 수영 속도를 결정하는 키가 되기 때문이다. 가볍게 한 문장을 적으면서 책 읽기를 즐기자. 책 한 권을 다 읽고 필사 노트에 '살아남은' 문장들을 보면 그 포스가 남다를 것이다. 울림 있는 생각들로 채워진 한 페이지는 책 메시지를 분명히 드러낸다. 내가 무엇을 취해야 할지 명확하게 얘기해 준다.

내 생각
베껴 쓰기

～～ 2 ～～

　부끄러운 과거 이야기를 하나 해야겠다. 중3 때 친구 둘과 함께 불량배에게 학교 뒷산으로 끌려간 적이 있다. 몸집은 해볼 만했는데 우리 마음이 너무 왜소했다. 감히 반항하지 못했다. 같은 학교 출신이라고 자신들을 소개한 그 깡패 녀석들은 다음 날까지 집에서 10만 원씩 가져오라고 했다. 만약 누군가에게 이 사실을 알리면 학교는 다 다닌 줄 알라며 협박했다. 우리 모두 지갑을 빼앗기고 학년, 반, 이름까지 털렸다.

　그날 밤 갈등과 두려움 속에서 잠이 오지 않았다. 마음의 출구가 막힌 듯 답답하고 두려웠다. 다음 날 아침 친구 둘과 오랜 시간 얘기를 나눴다. 결국, 담임선생님께 말씀드리는 것으로 결론 내렸다. 모든 사실을 털어놨다. 속이 뚫리는 듯했다. 그리고 두 시간 동안 우리 셋은 교무실에서 10년 치 졸업 앨범을 뒤지며 범인을 찾기 시작했다. 깡패놈은 없었다. 학생부 선생님들이 하굣길을 엄호하는 것으로 그 일은 일단락되었다. 30년 묵은 이 기억이 아직도 생생하다. 표현하지 못하는 답답함이 얼마나 큰지 온몸으로 느꼈다. 사람은 하고 싶은 말을 하며 살아야 한다.

자기표현 욕구는 본능이다. 누구든 내면의 생각과 감정을 보여주고 싶어 한다. 가수는 노래로 감정을 표현한다. 댄서는 춤으로, 축구 선수는 골로, 작가는 글로, 방법은 다르지만 모두 자기표현을 향하고 있다.

필사 노트에 좋은 문장이 쌓이면 생각을 표현하고 싶어진다. 사고가 논리를 갖추고 느낌이 실리면서 머릿속에서 맴돌기 시작한다. 그러면 망설이지 말고 바로 써라! 저자의 목소리보다 더 중요한 것은 바로 내 목소리다. '귀 쫑긋 세우고' 내면의 목소리를 그대로 글로 옮기자. 책 읽기와 필사 모두 나를 찾기 위한 것 아닌가.

바람 소리는 바람의 소리가 아니다. 바람이 다른 사물과 부딪히며 나는 소리다. 바람과 입술이 만나면 휘파람이 된다. 피리와 만나면 피리 소리를 내고, 풍경과 만나면 종소리를 낸다. 바람

혼자 만들어낸 소리는 어디에도 없다. 바람이 불면 모든 사물이 각자의 소리를 낸다. 자기를 드러낸다. 누구인지 알려준다. 생각도 마찬가지다. 필사한 문장과 부딪혀 튕겨 나온 당신만의 소리를 써라. 당신이 어떤 사람인지 단서가 조금씩 잡힐 것이다.

> "이들보다 가진 돈이 훨씬 적은 사람들이 훨씬 비싼 자동차를 사는 일도 적지 않다. 많은 사람에게는 부자인 것보다 부자로 보이는 것이 더 중요하기 때문이다. 괴테는 이런 현상에 대해 다음과 같은 말을 남겼다. '너무 많은 사람이 중요한 사람이 되고 싶어 하지만, 중요한 삶이 되려고 하는 사람들은 얼마 되지 않는다.'"
>
> - 보도 쉐퍼의 《머니 파워》, p.198

목표와 비전이 있어야 할 자리가 비어 있으면 어김없이 돈 쓰고 싶은 마음이 그 자리를 꿰찬다고 했다. 꿈이 확실하지 않기에 부자처럼 보이고 싶은 게 아닐까?

> "한 가지 일에 실패하고 문책당해서 회사를 그만두면, 다른 회사에 가더라도 똑같은 패턴으로 그만두게 된다. 한 번 정복하지 않은 실패는 또다시 엄습하게 되어 있다. 그러므로 '이 회사만 아니면, 이 상사만 벗어

나면, 뭔가 새로운 환경만 주어지면 잘할 수 있다'는 환상을 버려라. 실패와 포기의 패턴은 마치 유전자 코드처럼 사람의 몸과 마음에 세팅된다. 그 세팅을 한 번이라도 어그러뜨려서 뒤집어놓아야 동일한 패턴을 다시 반복하지 않게 된다. 그때 필요한 것이 바로 '진보적 반발심'이다."

- 김성호의《일본 전산 이야기》

실패를 거듭할수록 실패하지 않는다. 실패는 실패를 극복하기 위한 필수과정이다. 큰 성공은 작은 성공의 결합체이지만 큰 실패는 작은 실패를 회피한 두려움의 결과다.

밑줄 친 문장을 필사하고 나만의 댓글을 달았다. 당시 내가 어떤 생각을 하며 살았는지 엿볼 수 있는 유물과 같은 자료다. 그때의 나는 지금과 다르다. 그래서 이 기록은 더 의미 있다. 수북이 쌓인 필사 노트를 넘기다 보면 내 생각의 육아 일기를 보는 것 같다. 생각은 끊임없이 변하고 성장한다. 인정해 주고 드러내 줘야 신이 나서 자기를 더 보여준다. 그러니 필사하며 떠오르는 생각은 글로 담아라. 그때의 나를 박제해 둬라.

선택의 누적분이 현재의 나라고 했다. 강요든 자발적이든 모든 선택의 최종 결정권자는 나다. 내 생각이 가장 중요하다. 생각은 밖으로 드러나야 정리할 수 있다. 다듬을 수 있다. 다음 생각이 나올 기회가 생긴다. 우리 안에는 아직 발견하지 못한 무수한 생각과 감정이 쌓여있다. 하나씩 꺼내 주자. 새로운 생각이 들어갈 넓은 공간을 마련해 주자.

한 가지 작은 팁을 말하자면 자기 생각을 적을 때는 다른 색 펜을 사용하는 게 좋다. 계속 흑색 펜을 사용하면 책 내용과 내 생각이 구분되지 않기 때문이다. 처음엔 'ㄴ' 화살표 기호로 내 생각을 표시했다. 시간이 갈수록 내 생각 분량이 늘어나자 헷갈리기 시작했다. 그래서 2년 전부터 파란색을 내 '생각컬러'로 정했다. 인용은 검정, 내 생각은 파랑, 중요 내용은 빨강으로 구분해 쓰고 있다. 편의성 때문에 펜은 일체형 3색 펜을 사용한다. 적합한 펜을 골라 대량으로 사두면 펜 때문에 겪는 스트레스를 미리 줄일 수 있다. 내 3색 펜은 똑같은 상품으로 가방, 필통, 다이어리, 사무실, 거실, 책상에 하나씩 비치되어 있다. 펜을 찾거나 색이 나오지 않아 곤란한 경우를 막기 위해서다.

나는 내 생각을 읽어주는 최초의 독자다. 생각을 표현하고 스스로 인정해 주면 다음 생각이 나올 수 있는 용기를 얻는다. 표현이 어설프고 주술 관계가 조금 안 맞으면 어떤가. 무슨 뜻인지 내가 알 수 있으면 된다. 조금씩 고쳐나가면 된다. 누군가 내 입을 틀어막아도, 혼자서 표현을 망설이고 미뤄도 결과는 똑같이 하나다. 답답함 밖에 남지 않는다.

　나를 바꿀 수 있는 것은 내 생각뿐이다. 아무리 훌륭한 문장을 봐도 생각이 바뀌지 않으면 소용없다. 당신의 생각을 있는 그대로 표현해 보자. 필사 과정에서 좋은 생각들과 부딪히다 보면 생각은 변한다. 변화한 모습을 인정하고 응원해줄수록 전혀 다른 나를 발견한다. 새로운 세상, 더 큰 세계를 만난다. 남의 생각을 자기 것처럼 베끼면 표절이 된다. 내 생각을 그대로 베끼면 표현이 된다. 울림 있는 글과 만나 마음껏 자기를 표현하는 시간이 바로 필사의 시간이다.

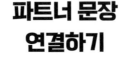

파트너 문장
연결하기

∼ 3 ∼

'불쌍하다'의 어원은 셋으로 나뉜다. 불상(不祥), '좋지 않은 상태'를 이르는 말이라고 보는 설이 있다. 불상(不常), '정상이 아닌 모습'에서 생겼다고 말하는 이도 있다. 불쌍(不雙), '짝이 없는 처지'를 뜻한다는 주장도 있다. 난 마지막 어원설을 지지한다. "불쌍하기 짝이 없네그려"라는 표현을 떠올리면 심증이 더 굳는다. '불쌍하다'는 말과 비슷한 '가엾다'의 어원이 확신을 더 한다. '가'는 '계집'이나 '가시내'를 뜻하니 옛사람들은 아내나 짝이 없을 때 '가엾다'란 말을 쓴 것이다.

함께 있으면 보기 좋다. 외로워 보이지 않는다. 혼자 있을 때보다 몇 배 더 할 수 있는 일이 많다. 게임도 싱글 플레이보다 대

결이 훨씬 더 재밌다. 전혀 예상하지 못한 시나리오가 펼쳐지고 시너지 효과가 발생한다. 크게 보면 인생이 다 짝을 만나기 위해 노력하다가 짝과 함께 늙어가는 과정 아닌가. 그만큼 누군가와 같이한다는 것은 중요하다. 의미 있다.

문장도 마찬가지다. 당당하게 홀로 의미를 내뿜고 서 있는 문장도 멋있지만 서로 조화를 이룬 문장들은 더 단단해 보인다. 전혀 다른 성격의 문장이 보이지 않던 교집합을 찾아 연결된 모습은 신선한 지적 자극이 된다.

> "창조는 그저 이것저것을 연결하는 것이다. 창의적인 사람에게 어떻게 그렇게 창조적일 수 있는지 물으면 대답하지 못한다. 그들은 실제 새로운 것을 만든 게 아니라 단지 뭔가를 봤을 뿐이니까. 창의력은 내가 가진 경험과 다른 것을 새롭게 연결할 때 생긴다. 그들이 창의적인 이유는 다른 사람보다 더 많은 경험을 했거나 그 경험에 대해 더 많이 생각했기 때문이다."
>
> - 스티브 잡스, 〈와이어드지 인터뷰〉, 1996년

애플 창업자 스티브 잡스는 회사 성공 비결을 다음과 같이 설명했다.

"우리는 기술과 인문학의 교차점에서 제품을 만든다."

상품의 본질이 기술과 인문학의 연결에서 시작되었다고 밝힌 것이다. 애플은 최초의 PC 매킨토시 생산으로 개인 컴퓨터 보급을 가능케 했다. 아이팟으로 MP3 플레이어 시장을 점령하며 itunes라는 세계적 소리 플랫폼을 구축했다. 그리고 아이폰이 스마트폰 시대를 열면서 세상을 지금처럼 바꿨다. 이 모든 창의적 성과는 연결에서 비롯되었다. 창의성에 대한 그의 깔끔한 재정의가 인상적이다.

문장을 필사하면 한두 줄 공란을 남겨두는 게 좋다. 문장 간 분리의 목적도 있지만 파트너 문장이 들어갈 자리를 마련하기 위해서다. 우리가 읽는 것은 교과서가 아니다. 시험 범위에 맞게 차례대로 읽어나갈 필요가 없다. 각 장 주제에 맞는 내용만 정리할 이유도 더더욱 없다. 오직 내 마음이 끌리는 대로 필사해 나가면 된다. 순서를 바꿔도 되고, 웹에서 연관된 내용을 함께 써도 되고, 책 후반부에 나오는 문장을 데려와 같이 정리해도 된다. 내가 쓰려는 문장이 이미 써 놓은 문장과 연관 있는지 잠깐 생각해보라. 새로운 연결 고리를 찾아라. '상상력 세포'가 날뛰는 모습을 지켜보라.

7년 전, 같이 근무하던 부장님 부인이 이렇게 말했단다.

"당신은 내 인생의 로또야!"

부장님의 흡족한 마음이 차오를 무렵 아내의 뒷말이 이어졌다.

"어떻게 된 게 하나도 안 맞아!"

파트너라고 해서 꼭 공통점만 있는 게 아니다. 달라서 끌렸고 다시 다르므로 갈등을 빚는 오묘한 관계 아닌가. 파트너 문장을 찾다 보면 앞선 주장과 정면으로 배치되는 문장을 발견하기도 한다. 둘을 '<->'로 연결해 놓고 바라보면 이 작은 기호 속에 무수한 논거들이 대립하고 있음을 알 수 있다. "될성부른 나무는 떡잎부터 알아본다."라는 말은 '대기만성(大器晩成)'이란 네 글자와 각을 세운다. "세 사람이 길을 가면 그중에 반드시 스승이 있다."라는 옛 가르침은 "까마귀 노는 곳에 백로야 가지 마라." 혹은 '유유상종(類類相從)'과 겨룰 태세다.

파트너 문장 찾기는 생각 근육을 단련한다. 평면 위 문장이 3D 세상으로 이동한다. 여러 각도에서 하나의 생각을 바라볼 수 있는 좋은 기회다. 모든 문장을 연결하라는 말이 아니다. 그럴 필요도 없고 가능하지도 않다. 그저 뜻을 더 명확히 이해하고 싶고, 자신도 모르게 함께 떠오르는 문장이 있을 때만 '연결'을 고민하면 된다. 이 또한 필사가 익숙해져야만 자연스러운 것이니 처음부터 너무 애쓰지 않아도 된다. 한 사람이 파트너가 되는 데도 오랜 시간이 필요하지 않은가.

학습이란 낯섦을 익숙함으로 바꾸는 작업이다. 익숙함이란 기존 기억과의 연결에서 출발한다. 연결된 문장이 있다는 것은 그만큼 기억하기 쉽다. 나무의 잔뿌리처럼 내 머릿속에 안착할 수 있도록 잡아주는 역할을 한다.

> "준비를 모두 마치고 나서 시작한다는 말은 운전석에 앉아 동네 신호등 전체가 동시에 파란 불로 바뀔 때까지 마냥 대기하는 것과 같다. 당신은 완벽할 필요가 없다. 완벽하게 자기 자신이면 충분하다. 완수가 완벽보다 낫다."

첫 번째 문장은 티아고 포르테의 《세컨드 브레인》 278페이지를 읽으며 옮겨 적은 문장이다. 둘째, 셋째 문장은 스튜어트 에머리의 《당신의 방에 아무나 들이지 마라》 34페이지에서 필사한 문장이다. 마지막 문장은 벤저민 하디의 《퓨처 셀프》 258페이지에서 뽑았다. 같은 듯 다른 이 문장들은 파트너 문장이라 부를 만하다. 함께 있어도 묘하게 어울린다. 이렇게 모여본 경험이 있는 녀석들은 기억 속에서 서로를 잡아주며 쉽게 잊히지 않는다.

연결할수록 또 다른 연결을 만들어낸다. 좋은 파트너를 찾으면 또 다른 괜찮은 파트너가 등장할 가능성이 크다. 요약, 발표, 토론, 어떤 상황에서든 주제와 연결된 많은 인용문은 든든한 지원군 역할을 한다. 한 문장 쓰기에서 내 생각을 덧붙이는 시간이 누적되면 꼭 파트너 문장을 찾아보라. 연결고리를 발견할 때마다 자신의 창의력에 놀랄 것이다.

　문장력 기르기를 목표로 필사를 권하는 사람이 많다. 글쓰기 기술을 습득하는 데 필사만 한 게 없다고 말한다. 내 필사 목적은 거기에 있지 않다. 사고력의 극대화를 향한다. 생각하는 힘이 세지면 모든 게 뒤따라 해결된다. 좋은 문장을 베껴 쓰기만 해도 빼곡히 채워진 노트를 보며 뿌듯해할 수 있다. 한 걸음만 더 나가보자. 울퉁불퉁한 생각 근육을 머릿속에 그리며 바벨 무게를 조금만 더 늘여보자. 언어는 곧 그 사람의 세계라 했다. 연결한 문장이 쌓일수록 당신은 더 큰 세상, 더 넓은 세계에서 살아가게 될 것이다.

인생 문장으로
갈아타기

~~~ **4** ~~~

거실 책장 맨 위 칸은 몇 권의 책만 꽂혀있다. 빼곡하게 들어 찬 아랫부분과 다르게 꼭대기 층은 화분이 있고 공간이 여유롭 다. 내가 인생 책을 대하는 최소한의 예우다. 열세 권 인생 책이 '영감 크기' 순으로 정돈되어 있다. 한 권씩 추가할 때마다 순위 가 바뀌지만, 지위는 그대로 누린다. 인생 책만큼 인생 문장도 내겐 특별하다. 정성껏 대우해 주고 싶다. 읽을 때 한 번, 필사할 때 한 번, 요약할 때 한 번, 옮길 때 한 번 모두 네 번의 관문을 통 과하고 선택받은 문장이다. 다이어리 한 부분을 차지하며 매일 나와 함께 움직이는 생각들이다.

인생 문장을 선택할 때는 기준을 높여야 한다. 괜찮다는 느낌

하나로 뽑으면 무게감이 줄어든다. 뷔페에서 음식 귀하게 여기는 사람을 보지 못했다. 요리 하나씩 맛을 음미하며 천천히 식사하는 사람이 드물다. 흔하면 귀함은 사라진다. 문장마다 전달하는 감정의 양과 질이 다르다. 그 유효기간 또한 제각각이다. 필사 노트에 한 번 쓰인 것은 어디 가지 않는다. 차분히 읽고 다시보면서 울림이 얼마나 오래 가는지 느껴보고 결정해도 늦지 않다.

명언 모음집은 좋은 문장을 옮기면 되는 거 아니냐고 반문하는 사람도 있을 수 있다. 명함 받고 통성명만 나눈 사람에게 어떤 진한 감정을 느껴봤는가. 같이 밥 먹고 대화하고 커피도 한잔 나눴던 추억이 있어야 얼굴을 떠올렸을 때 느낌이 생긴다. 사람도 글도 의미 있는 시간과 공간이 교차할 때 마음속 이미지가저장된다. 추억이 있어야 다시 만났을 때 감정이 오갈 수 있다. 내 인생 문장 중 '명언 모음집 출신'이 없는 건 이런 이유 때문이다.

인생 문장은 자기 필체로 옮겨 적는 게 좋다. 손으로 직접 쓴글씨는 친숙하다. 그때의 내 모습이 담겨있고 글 쓸 때 상황도배어 있다. 깔끔하게 정리된 글보다는 고유성이 살아있는 글이훨씬 오래 기억에 남는다. 더 풍부한 감정을 담아낸다.

인생 문장은 보관 목적이 아니다. 자주 보고 읽고 느끼면서 나와 가장 가까운 거리에 두기 위함이다. 작가 생각을 내 마음의 영토로 이식하는 게 '인생 문장 갈아타기'의 목적이다. 처음에는 어색하고 낯설다. 그러나 자주 만나다 보면 어느새 내 생각 일부가 된다. 아시안 게임 탁구 금메달리스트 전지희 선수처럼 말이다. 그녀는 뛰어난 탁구 재능을 가진 중국 선수였지만 이제는 대한민국 선수로 자리 잡았다. 우수한 남의 나라 선수가 탁월한 우리나라 선수가 되었다. 한국인 중 한 명이 된 것이다.

지난 5년간 인생 문장으로 불려온 글은 아직도 내 곁을 지키고 있다. 그중 일부를 소개한다.

> "하고 싶은 일이 무엇인지, 할 수 있는 일이 무엇인지 묻지도 않은 채 든든한 밥그릇 하나 챙겨두는 일에 지나치게 집착하는 그 째째함의 끝을 묻고 싶었다. 새로운 인생을 건설해야 하는 시점에서 여전히 망설이기만 하는 나에게 무엇을 더 기다리고 있는지 물어보고 싶었다."
>
> - 구본형의 《나 구본형의 변화 이야기》

마흔 넘어 내게 찾아온 고민이 결코 나만의 것이 아니라는 생각에 위안이 되었던 말이다. 작가 또한 먹고 사는 문제의 엄숙함 앞에서 고민하고 갈등했구나. 주저하고 망설였구나. 지금이 바로 변화의 시작점이 되어야 함을 행간이 외치고 있다. 잃을까 실패할까 두려워 도전을 망설이는 내게 들려주는 문장이다. 그의 목소리는 무언의 힘이 된다. 솔직함과 용기로 버무린 에너지를 품고 있다.

> "당신이 두려움과 불안을 벗어나지 못하는 이유는 삶을 너무 타인에게 맡기고 있기 때문이다. 진정 원하는 것과 향하는 곳을 알면 타인의 중요성은 뚜렷하게 약해진다. 걷고 있는 길이 모호할수록 타인의 목소리와 주변의 혼란, 소셜 미디어의 통계와 정보가 점점 커지면서 위협적으로 다가온다."
>
> - 알랭드 보통

'너 때문이야!'

불안한 사람이 자주 내뱉는 말이다. 감정의 통제관이 밖에 있다고 인정하는 외침이기도 하다. 결과가 좋지 않을 때 다른 사람을 탓하는 이들이 많다. 자기 잘못이 아니라는 게 가장 중요한 사실인 양 온갖 변명과 핑계로 상황을 모면하려 한다. 그럴 때 이 글을 본다. '내면이 타인으로 가득하구나. 안됐다. 자기가 뭘 해야 할지도 모른 채 하루하루 시간을 허비하는 당신 참 불쌍하다'라고 생각하며 탓하는 상대를 이해하고자 노력한다. 알 수 없는 불안이 느껴질 때 읽어보면 솔직한 나와의 대화를 가능케 하는 문장이기도 하다.

> "게으름은 회피다. 그 결과물은 변명이다. 게으름에
> 대한 하늘의 보복은 두 가지다. 하나는 자신의 실패요. 또
> 하나는 그가 하지 않은 일을 한 옆 사람의 성공이다."
>
> - 한근태의《재정의》

정신이 바짝 든다. 하늘의 보복, 다섯 글자에 방점이 찍혀 음성 지원이 되는 것 같다. 이 일을 하지 않았을 때 맞닥뜨려야 할 처참한 결과가 그려진다. 내 실패 못지않게 누군가의 화려한 성공은 비수를 꽂는 고통이 될 것 같다. 휴식의 선을 한참 넘어 게으름에서 허우적댈 때, 마감 기한이 임박했을 때 읽는 문장이다.

> "용기는 더없이 뛰어난 살해자다. 공격적인 용기는 '몇
> 번이라도 좋다. 이 끔찍한 생이여… 다시!' 이렇게 말함으
> 로써 죽음까지 죽여 없애준다."
>
> - 니체의《짜라투스트라는 이렇게 말했다》

《해리포터》의 작가 제이 케이 롤링의 오래전 인터뷰가 생각난다. 삶에서 가장 중요한 가치가 뭐냐는 질문에 그녀는 1초의 망설임도 없이 용기라고 답했다. 굉장히 인상적이었다. 현재 자신을 있게 한 핵심 가치가 바로 용기였다고 말하는듯했다. 흔히

사랑이 최고라고 말하지만, 용기 없이 사랑은 출발하지 못한다. 도전도, 변화도, 시작도 모두 그 뿌리는 용기에 있다. 어려움과 맞선 상황에서 '그래, 와봐. 다시!'를 외치는 듯한 이 문장은 용기를 전염시킨다.

좋은 말을 자주 하면 행복해진다. 나쁜 말을 자주 하면 불행해진다. 입말과 글말은 같은 힘을 지녔기에 좋은 글을 자주 보는 것은 행복을 부른다. 강렬한 첫인상으로 감정을 출렁이게 만든 인생 문장은 여전히 날 움직이게 만든다. 필사 노트에서 정성스레 옮겨 쓴 그 귀한 문장들은 때로 사람이 주지 못하는 특별함을 준다. 힘들 때 위안이 되고, 두려울 때 용기를 주며, 생각대로 사는 삶을 응원해 준다. 지금 어딘가에서 당신을 기다리고 있을 인생 문장을 찾아보자. 또 한 명의 인생 동반자를 만나자.

Chapter.2

이미지를 그린다

100개 문자보다
1점 그림

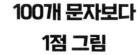

~~~ **1** ~~~

　휴먼 다큐멘터리 〈너를 만났다〉 프로그램 중 한 에피소드를 본 적이 있다. 엄마가 3D 안경을 쓰고 먼저 하늘로 간 어린 딸과 만나는 내용이다. 3D 영상 속 딸을 만나 기쁨과 슬픔이 교차하는 엄마가 허공과 포옹하는 장면이 나온다. 딸의 생일을 축하하며 테이블에 앉아 소원을 빌고 촛불 끄는 시간도 갖는다. 살아있었으면 그냥 평범한 일상 중 하나로 자리 잡을 기억이다. 어떻게든 딸을 만져보기 위해 끝까지 텅빈 공간을 향해 손을 뻗는 엄마의 모습이 카메라에 잡혔다. 더 이상 영상을 보지 못하고 닫았다.

　눈에 보이면 믿게 된다. 뇌는 육안이 아닌 마음의 눈으로 보이는 장면도 사실로 받아들인다. 잠꼬대를 생각해보라. 눈 감고 잠을 자면서 상상만으로 누군가와 대화하고, 웃거나, 울기도 하지 않는가. 기억은 온통 이미지로 가득하다. 상대가 과거를 얘기하면 그 시절 그 주제를 대표하는 이미지들이 떠오른다. 복잡한 사안이지만 시각 자료가 제시되면 이해가 빠르다.

성공을 위한 의식으로 시각화를 강조한다. 실제 눈으로 보듯 상상 속에서 자신이 원하는 현실을 생생히 그리는 작업이다. 론다 번의《시크릿》에서 가장 강조한 꿈 실현법이었다. 이루고 싶은 바를 그림으로 나타내 한곳에 모아둔 비전 보드 또한 시각화에 뿌리를 둔 꿈을 이루는 도구다. 명상은 시각화 그 자체다. 실현된 꿈속으로 들어가 주변을 둘러보고 실제 감정을 느끼는 시간이다.

읽었던 책인데 처음 보는 것처럼 다시 읽은 적이 있는가? 드라마나 영화는 캡처 화면만 봐도 제목과 줄거리가 기억나는 경우가 많다. 그러나 문자 텍스트가 독립된 기억 블록이 되기 위해서는 몇 번의 작업이 더 필요하다. 일단 의미를 해석해야 한다. 해석과 대응하는 이미지가 필요하기도 하다. 감정이나 소리 자극이 가미되었을 때 비로소 그 텍스트는 기억으로 보존된다. 하지만 그림은 그 자체로 모든 것을 전달한다.

그림은 설득력이 강하다. 이 사실을 잘 활용하면 필사가 한층 더 업그레이드된다. 책을 읽다가 '서까래'와 '추녀'라는 용어가 나왔다. 한옥 구조의 일부인 것은 알겠는데 정확히 어느 부위에 어떤 구조로 되어 있는지 알고 싶었다. 사전을 찾아봤지만, 정확히 감이 오지 않았다. 구글 검색으로 찾아낸 한옥 구조 그림을 보는 순간 두 용어가 단번에 이해되었다. 그뿐 아니라 한옥의 기본 골격이 어떤지 각 부위를 무엇이라 부르는지도 알게 되었다.

내용 이해에서 그치지 말자. 가치 있는 정보는 관련 이미지를 필사 노트에 남기자. 이제 한옥 구조가 궁금해지면 필사 노트를 다시 들춰 본다. 처음 찾아보고 바인딩할 때 장면이 떠오르며 그때 감정이 되살아 난다. 익숙한 한옥 구조 그림은 이미 기억에 한 발 걸쳐 놓은 녀석이다. 한 번의 눈길로 다시 편안하게 제자리를 찾아갈 수 있는 기억이 되었다.

이미지는 직관적이다. 긴 설명이 필요 없다. 보여주기만 하면 뇌는 알아서 이해한다. 인터넷 부동산 매물 정보를 보자. 물건 사진은 필수다. 온라인 쇼핑몰을 훑어봐도 마찬가지다. 저마다 다양한 각도로 상품 사진을 보여준다. 무형의 교육 프로그램도 주제나 내용을 형상화한 그림으로 구매욕을 자극한다. TV 광고는 라디오보다 그 효과가 크다. 유튜브는 팟캐스트보다 더 많은 사람을 끌어들인다. 우린 눈으로 확인하면 쉽게 받아들이고 믿는다.

왜 고대 문자는 상형문자가 대부분일까? 그림에서 문자가 탄생했기 때문이다. 표음 문자인 한글조차도 자음 형상이 조음기관과 닮아있지 않은가. 한자는 말할 것도 없다. 많은 글자가 사물이나 사람 모습을 본떠 만들어졌다.

내 필사 노트엔 제법 많은 한자어가 적혀있다. 단어의 정확한 의미를 파악하고 옛사람의 생각을 들춰보는 데 한자만 한 게 없다. 한 글자라도 자세히 들여다보면 어원과 생성과정에서 놀랄 만한 통찰을 발견한다. 한근태의 《한자는 어떻게 공부의 무기가 되는가》를 보면 단 몇 페이지를 읽어도 한자의 힘을 바로 느낄 수 있다. 〈그림2〉은 '생각하다'와 '생각되다'의 뜻을 확실히 구분하고자 필사 노트에 정리한 한자들이다.

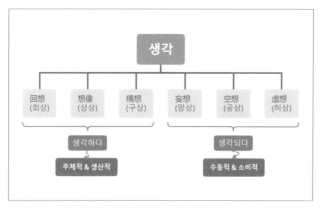

〈그림2〉 '생각하다'와 '생각되다'

중요한 도표나 그림은 필사록과 함께 철해두자. 매번 사진 찍거나 인쇄하는 게 번거로울 수 있다. 해당 책 폴더에 사진만 모아두었다가 한꺼번에 인쇄해 철해두면 번거로움을 줄일 수 있다. 이때 사진 파일명은 책 제목과 키워드로 정리해두면 다시 찾기 쉽다. 필사는 책 내용을 깊이 이해하고 새기기 위한 작업이다. 반복해서 들춰보고 기억을 강화하는 것은 당연한 과정이다. 이미지로 정리하면 가독성이 높아지고 기억에 오래 남는다.

"공이 존에 들어오면 힘껏 치는 거야."

"공이 존에 들어오면 도끼로 나무 찍듯 맞히는 거야."

둘 중 어느 쪽이 귀에 잘 담기는가? 그림 그리듯 글을 쓰면 그만큼 전달력이 좋다. 필사 노트에서는 이미지가 제왕이다. 그 어떤 텍스트보다 강한 영향력을 행사한다. 때론 백 마디 말보다 그림 한 점이 더 호소력 있다. 이미지를 만들어 보자. 그 어떤 글보다 머릿 속에 오래 살아남을 것이다.

이미지
뇌 코딩법

~~~ **2** ~~~

2016년 대전에서 있었던 일이다. 한 50대 남성이 자전거를 타고 가다 심정지로 쓰러졌다. 보도블록에 머리가 부딪친 그는 바닥에 누운 채 미동도 하지 않았다. 생사를 가르는 골든타임 시계가 작동했다. 4분 내 응급처치를 하지 않으면 두뇌와 신체 기관이 손상되고 시간이 더 지체되면 사망에 이른다. 천운이 그를 살렸다. 쓰러지는 장면을 때마침 야간 근무를 마치고 아내와 영화를 보러 가던 9년 차 베테랑 소방관이 목격했다. 곧바로 차에서 내린 그 소방관은 신속히 기도를 확보하고 심폐소생술을 시작했다. 결국 그 환자는 골든타임을 지킨 덕에 응급실 이송 후, 안정을 되찾고 큰 부상 없이 퇴원한다.

생명의 골든 타임은 4분이다. 하지만 기억의 골든타임은 4초도 채 되지 않는다. 필요할 때 원하는 정보를 몇 초 안에 떠올리지 못하면 기억은 생명을 다한 것이나 다름없다. 있었으나 없는 것이나 마찬가지다. 지식은 입력이 아닌 인출에 초점이 맞춰져야 하는 이유가 바로 여기에 있다. 컴퓨터 두뇌를 가지지 않은 이상 무작정 외운다고 모두 내 것이 되지 않는다. 유의미한 텍스트는 인출을 염두에 두고 전략적으로 입력해야 한다.

필사 독서에서 중요 정보를 기억하고자 할 때 다양한 방법을 사용한다. 그중 이미지를 활용한 학습 전략은 매우 효과적이다. 다음과 같은 원칙으로 정보를 정리하면 적시 인출에 큰 도움이 된다.

첫째, 곡선보다 직선을 사용해 그림을 그린다. 정보를 저장할 때는 뇌의 에너지 소비를 최소화해야 한다. 그래야 암기 저항이 적고 데이터를 편안하게 받아들인다. 곡선은 직선과 비교하여 너무 많은 위치 정보가 필요하다. 구부러지는 방향과 각도, 길이까지, 뇌에 부담이 된다. 내용 형상화는 기억의 편의성이 가장 중요한 요소다. 다음 그림은 Dr. Joe Dispenza의 《Evolve Your Brain》을 읽으며 필사 노트에 그린 '뇌신피질 구조도'다. 기억 도우미 역할을 위한 그림은 오로지 쉽고 빠르게 필요한 정보를 불러올 수 있게 이미지를 만드는 게 중요하다. 뇌는 직선을 사랑한다.

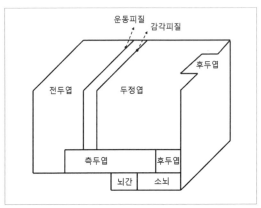

운동피질 감각피질

후두엽

전두엽 두정엽

측두엽 후두엽

뇌간 소뇌

〈그림3〉 뇌신피질 구조도

둘째, 사각형보다 직육면체를 선호한다. 가상 현실이 실감 날수록 뇌는 시각 자료를 더 사실로 받아들인다. 자신에게 중요한 정보로 인식한다. PPT 자료에서 입체형 도형이 자주 사용되는 이유도 이와 같다. 2D보다 3D 자료가 몰입감이 크다. 강한 인상을 남기며 더 오래 기억에 남는다. 이는 이론적 지식이 아니다. 필사 노트에 수없이 많은 도형을 그려보고 연결 지으면서 체험적으로 알게 되었다. 키워드를 직사각형 위에 써넣을 때와 직육면체의 한 면에 적어 보면 바로 그 차이를 느낄 수 있다.

셋째, 비교표와 대칭을 이용한다. 대립개념을 정리할 때 표를 작성하거나 대칭 형상을 그리면 구조화된 지식으로 업그레이드된다. 머릿속에서 불러들이기 쉽고, 둘 중 어느 하나만 생각나도 다른 하나는 자연스럽게 '빈칸'이 채워진다. 이는 책 내용 정리뿐만 아니라 내 고유 생각을 표현할 때도 사용하면 유용하다. 올인이란 단어를 책에서 접하고 문득 도박에서의 올인과 행동에서 올인을 비교해보고 싶었다. 다음과 같이 비교표를 만들어 내 생각을 저장했다.

	올인 in 카지노	올인 in 행동력
승리	자산 X 2	(만족감 & 자신감 & 성취감)^2
패배	자산 Zero	후회 Zero
태도	최소 노력&최대 결과	최대 노력&정직 결과
위험성	High Risk, High Return	Low Risk, High Return

마지막으로, 은유를 적극적으로 활용한다. 성인 말씀을 자세히 들여다보면 공통된 특징이 있다. 바로 비유를 즐긴다는 것이다. 일상 대화, 토론, 강연에서 적절한 비유는 상대 공감을 불러일으킨다. 설득의 강력한 무기가 된다. 복잡한 상황설명이나 개념도 적확한 비유 하나면 듣는 이의 머릿속에 선명한 그림을 남겨준다. 핵심 단어를 등식으로 표현하면 깔끔한 '비유 지식'으로 뇌에 각인된다.

1568년 12월 퇴계 이황은 〈성학십도(聖學十圖)〉라는 상소문을 선조에게 올렸다. 성리학의 주요 개념을 단 10개의 그림으로 나타낸 문서다. 율곡 이이는 이를 두고 이황의 평생 학문이 응축된 저서라 평가했다. 조선의 사상을 주도했던 두 인물 또한 그림의 위력을 알았다.

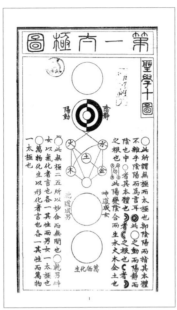

〈그림 4〉《성학십도》제1 태극도

　사진 한 장으로 수많은 추억이 소환된다. 까맣게 잊고 있던 누군가의 얼굴과 느낌이 되살아난다. 그 시절 유행했던 노래도 환청처럼 들리고 나를 지배했던 감정도 불쑥 튀어나온다. 기억 상자에 보관된 것도 그것을 여는 열쇠도 그림이다. 우리 뇌는 JPG 파일로 가득하다. 꼭 정리해서 내 것으로 만들고픈 내용은 필사 노트에 나만의 이미지로 남겨보자. 기억의 골든 타임을 지키는 소중한 지적 자산이 될 것이다.

생각의 X-ray,
마인드맵

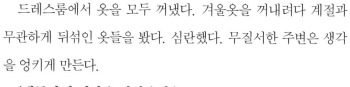

드레스룸에서 옷을 모두 꺼냈다. 겨울옷을 꺼내려다 계절과 무관하게 뒤섞인 옷들을 봤다. 심란했다. 무질서한 주변은 생각을 엉키게 만든다.

'행동하면 시작은 따라온다.'

속삭이듯 내게 말하며 게으른 생각이 커지기 전 바로 움직였다. 무작정 옷을 거실에 꺼냈다. 하나하나 버릴지 말지 결정했다.

정리·정돈은 글자와 순서에 핵심을 담고 있다. 필요와 불필요를 분리하는 게 정리다. 자리를 만들어 제자리를 찾아주는 게 정돈이다. 최근 3년간 입은 기억이 없는 옷은 미련 없이 버렸다. 정돈할 게 확 줄었다. 정돈·정리는 어감만큼 어색한 순서다. 한 시간 반 남짓한 시간을 투자해 질서 잡힌 옷장을 보게 되었다. 계절별 종류별로 가지런히 걸려있는 옷을 보니 머릿속을 깨끗이 청소한 느낌이다. 마음이 가볍다. 필사 내용 정리에서 마인드맵은 이와 비슷한 느낌을 안겨준다.

가진 생각을 모두 꺼내 놓는 게 마인드맵의 첫 단계다. 필요성과 중요도 판단은 일단 미룬다. 주제와 연관되어 떠오르는 모든 생각을 드러내는 게 핵심이다. 이 작업이 완료되면 마인드맵 8할은 완성이다. 요리에서 식자재 준비를 마친 것과 같다. 인상적인 문장을 다시 선별해 한 페이지에 쫙 펼쳐놓는 작업이다. 필사가 이 과정을 거치면 한 페이지 요약 그림이 된다.

이 방법은 단계나 절차 관련 책을 정리하는 데 효과적이다. 〈그림5〉는 자청의 《역행자》를 읽고 만든 마인드맵이다.

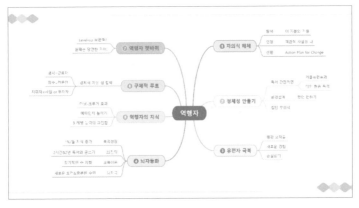

〈그림5〉《역행자》 마인드맵

이 마인드맵 한 장이면 책의 핵심을 효과적으로 전달할 수 있다. 필사 노트에 써 놓은 내 감정까지 곁들인다면 누군가는 내게 재독 횟수를 물어볼지도 모른다. 마인드맵은 전체 구조 파악과 내용 정리를 위한 강력한 도구다. 사고의 흐름을 반영하는 가지 치기 저장 방식이 생각의 좌표를 자연스럽게 떠올리게 만든다.

필사 전에도 마인드맵을 자주 활용했다. 8년 전 직장에서, 업무 절차와 유의 사항 관련 전달 연수를 진행했다. 100페이지 넘는 매뉴얼을 B4 한 페이지 마인드맵으로 정리해 자료를 나눠주었다. 한 시간 남짓 진행한 연수에서 딱 세 가지 질문이 나왔다.

"무슨 프로그램으로 이 자료를 만들었는가?"

"사용이 어려운가?"

"가격은 얼마인가?"

정작 내용엔 관심이 없었다. 모두 마인드맵에 관한 질문이었다. 그만큼 한눈에 전체 내용이 들어오는 게 인상적이었나 보다.

마인드맵 사용은 웹 기반 애플리케이션을 추천한다. 1년 전까지 컴퓨터 설치형 마인드맵을 구매해 사용해 왔다. 여기에는 몇 가지 단점이 있다.

첫째, 장소 제약을 받는다. 내 컴퓨터가 아니면 해당 프로그램을 사용하지 못한다. 프로그램을 다시 설치하고 사용하려면 여러 절차 때문에 많은 시간이 허비된다.

둘째, 버전이 바뀔 때마다 비용이 든다. 개선된 기능을 사용하기 위해 돈을 추가로 지급해야 한다. 반면, 웹 기반 마인드맵은 이 두 단점에서 벗어난다. 이제 언제 어디서나 로그인 한 번으로 내 생각을 정리할 수 있다.

내가 사용하는 마인드맵은 Thinkwise다. 선택을 고민하느라 치를 비용을 줄이기 위해 참고로 밝힌다. 화려하고 다양한 기능을 탑재한 다른 마인드맵도 많다. 전문 디자이너 수준의 작품을 목표로 하지 않는다면 굳이 복잡한 프로그램을 사용할 필요가 없다. 간단하고 직관적인 게 가장 좋다고 결론내렸다. 목록화된 내용을 마인드맵으로 전환하는 기능도 의사결정에 영향을 주었다. 프로모션 기간에 가입하여 무료로 이용 중이다. 필사 내용뿐만 아니라 여행 계획, 역사적 사건 정리, 프로젝트 일정표, 글쓰기 목차에 이르기까지 생각 정리의 시작은 이 웹 기반 프로그램을 사용한다.

마인드맵은 목표 설정에도 그 힘을 발휘한다. 짐 론의 《7 Strategies for Wealth& Happiness》에는 삶의 목표를 정하는 방법이 나온다. 30분 남짓 투자하여 인생의 장단기 목표를 명확하게 눈으로 확인할 수 있다. 그 방법은 다음과 같다.

1. 이루고 싶은 모든 것을 종이 위에 적는다.
 - 갖고 싶은 것, 되고 싶은 사람, 가고 싶은 곳 등 주제를 나눠 적는 게 좋다.
2. 각 목표를 이루는 데 필요한 기간을 숫자로 표시한다.
 - 목표는 크게 단기와 장기 2개로 나눈다.

ex) 6개월, 1년 vs. 3년, 5년

3. 같은 기간별로 한데 묶는다.

4. 각 기간에 세 개 목표만 남겨놓고 모두 지운다. 12개 목표만 남는다.

마인드맵 앱을 사용하여 위 절차를 수행하면 효율적이다. 기간별로 한데 모으기 쉽고 우선순위를 바꾸는 것도 간단하다. 최종 목표에 어울리는 그림을 덧붙이면 비전 보드 역할을 대신할 수 있다. 목표는 바뀔 수 있고 늘 변수가 있기 마련이다. 목표를 수정하거나 추가하는 데도 마인드맵을 사용하면 적은 노력으로 새로운 버전의 목표 리스트를 만들 수 있다.

독서 토론을 준비하는 데도 마인드맵은 유용하다. 책을 읽고 난 후 대화할 때, 정리한 내용을 그대로 읽으면 상대 집중을 끌어낼 수 없다. 연설문 원고를 보느라 청중 눈을 보지 못하는 정치인은 호소력이 떨어지는 것과 같은 이치다. 아직 자기 것이 되지 못한 생각을 주장하니 어설프고 설득력이 없다. 이 준비 과정은 굳이 앱 도움을 받지 않아도 된다. 그만큼 간단하다. 그냥 전체 주제를 가운데 놓고 세 줄기를 그린 다음 세 가지 토론 키워드를 쓴다. 키워드마다 다시 세 줄기를 뻗는다. 첫째 줄기는 인용 문장, 둘째 줄기는 내 생각, 셋째는 적용 포인트를 기본 틀로 하여 한 권의 책을 정리한다. 전체 구도와 말하는 순서가 정해져 있기에 암기할 필요가 없고 내용 전달이 쉽다.

마인드맵은 왜 기억을 불러오는 데 효과적일까? 두뇌의 신경 회로가 마인드맵과 닮았기 때문이다. 시냅스 연결 방식과 마인드맵 가지치기가 형제처럼 비슷하다. 이사 갈 집 구조가 지금 사는 집과 다르다면 가구 자리가 달라지고 물건 찾기가 어렵다. 그러나 똑같은 구조의 집으로 간다면 어떻게 될까? 이사일 전날 정리를 마무리하면 다음 집 가구와 물건 배치는 자동으로 동기화된다. 똑바로 정리된 목차형식 정보가 머릿속에 더 잘 정리될 것 같지만 마인드맵을 그리는 게 훨씬 효과적인 게 바로 이 때문이다. 마인드맵 위에 생각을 옮겨보자. 생각의 X-ray 사진처럼 내 사고의 뼈대를 정확하게 파악할 수 있을 것이다.

Chapter.3

하나로 요약한다

정리하거나
정리당하거나

~~~ **1** ~~~

베트남 다낭으로 휴가를 떠난 적이 있다. 비행기가 이륙할 때 옆자리 아들이 귀가 먹먹하다며 그 이유를 물었다. '유스타키오관'이란 용어가 떠올랐다. 하지만 여섯 살 아이에게 그 기관을 제대로 이해시킬 자신이 없었다. 공기가 땅에는 많고 하늘엔 적어 몸이 적응하느라 그런 거라고 설명했다. '유스타키오관' 우리 말 표기는 뭔가 어색하다. 16C 이탈리아 해부학자 유스타키가 최초 발견해 붙여진 이름인데 영어로 'Eustachian Tube'로 불린다. 혹자는 'Eustachi Organ'이라 표기한 것을 번역해서 현재의 이름을 갖게 되었다고 주장한다. 한글 표기의 정확한 근거를 알아보았다. 오관과 Organ의 연관성은 아직 풀리지 않았다.

'Organ', 특정 기능을 수행하는 신체 기관을 뜻하는 이 말은 '정리하다', '체계화하다', '조직화하다'라는 'Organize' 단어에도 포함되어 있다. 왜 살아있는 생명체 혹은 그 기관을 뜻하는 'Organ'이 정리, 체계, 조직을 의미할까?

살아 있는 기관은 끊임없이 정리한다. 음식을 먹으면 필요한 영양소를 흡수하고 잔여물을 몸 밖으로 내보낸다. 먹고 배설하지 않는 동물은 없다. 한번 핀 꽃을 사계절 붙들고 있는 나무도 없다. 살아 있다는 것은 곧 정리한다는 의미다. 정리를 통해 체제를 유지하고 질서를 만들어간다. 그렇지 않으면 자연이 정리해 버린다. 내부 조직에 이상이 생겨 결국 죽는다.

생각도 정리해야 한다. 정리된 생각은 날카롭다. 오래 살아남는다. 집안을 치우지 않으면 정신이 혼란스럽고 움직이기 싫다. 시간이 흐르면 더 어질러진다. 깔끔하게 정리된 집에 머무르면 생각이 명확해진다. 질서가 흐트러지면 그 차이를 금방 알아차리고 바로 정리하게 된다. 부의 양극화처럼 이 두 환경 차이는 갈수록 더 벌어진다. "끼리끼리는 과학이다."라는 말은 같은 종류의 대상에게만 적용되는 게 아니다. 몸 안과 밖, 환경과 사람 간에도 유효한 법칙이다.

필사는 정리 작업의 연속이다. 정리에서 시작해 정리로 끝맺는다고 해도 과언이 아니다. 책을 읽으며 문장을 뽑는 게 1차 정리라면, 마지막 책을 덮고 요약하는 게 2차 정리다. 일상이 정리에 익숙해야 필사에서도 어려움이 적다. 행동과 글은 자동차 앞뒤 바퀴처럼 함께 굴러가야 전진할 수 있다. 정리하는 생활 습관이 배어 있어야 정리된 글을 써 내려갈 수 있다. 정리를 강조한여러 이야기와 말이 있다. 내가 정리하는 사람인지, 정리당할 사람인지 판단해 보자.

"왜 버리지 못하는 것일까요? 물건이 없어지면 자신도 없어지는 것처럼 느껴지는 병적인 불안감 때문입니다. 물건이 없어지면 마치 자신이 벌거숭이가 되는 것 같은 느낌과 막연한 두려움, 이 두려움의 정체는 자기 자신의 빛나는 부분을 믿지 못하는 불신감을 나타냅니다. 사람을 믿는 것이 안 되니까 한낱 물건에 기대는 것입니다. 필요한 것은 반드시 채워집니다. 마음먹고 버립시다."

- 마쓰다 미쓰히로, 《청소력》

"생각이 많은 것은 '득'이지만 정리가 안 되는 것은 '독'이다."

- 복주환, 《생각정리스킬》

"월세를 연체하는 이들은 공통점이 있습니다. 세입자

들을 관찰해보니 월세 연체자는 하나 같이 방이 매우 지저분했습니다."

- 하네다 오사무,《지갑 방 책상》

"정리는 완벽함에 관한 게 아니다. 그것은 효율, 스트레스와 어수선함의 감소, 시간과 돈의 절약, 그리고 삶 전반의 질을 향상하는 것이다."

- 크리스티나 스캘라이즈,《Organize Life and More》

"정리는 자기 존중의 표시다."

- 가브리엘 번스타인

환경과 생각은 동기화된다. 영화나 드라마에서 처참한 상황을 대변하는 장면으로 정리되지 않은 주변이 자주 등장한다. 판자촌 내부, 빈민가 골목길, 중독자의 방 안을 떠올려 보자. 어느 것 하나 깔끔하게 정리된 모습이 그려지지 않는다. 질서가 없다. Organ의 연합체인 몸이 그 생명력을 서서히 다해가는 느낌이다. 성공한 사람의 집안은 어떻게 그려지는가? 모든 게 질서정연하게 정리되어 있다. 집안뿐 아니라 집 밖 거리와 벽면 모두 깔끔하다. 심지어 얼굴까지도 체계가 잡혔다. 잘생기고 아름답다. 정리된 환경은 정리된 생각을 부른다. 정리된 생각은 다시 정리된 환경을 만든다.

정리 안 된 주변은 보이지 않는 정보를 제공한다. 그 사람 우선순위가 확실하지 않음을 알 수 있다. 어떤 가치가 더 중요한지 모르기에 버리지 못한다. 미련을 두고 계속 쌓아놓는다. 행동력 결여도 엿볼 수 있다. '치워야지. 치워야지.' 생각만 하고 행동하지 못한 결과물이 바로 그 주위 모습이다. 내면을 그대로 보여준다. 뇌는 해야 할 일을 보는 것만으로도 피로감을 느낀다. 무기력한 자신을 대변하는 환경에 계속 노출되면 자신감도 잃는다. 성공을 확신하지 못한다. 재력만 갖추면 언제든 물건은 살 수 있는데도 지나치게 물건에 집착하는 것은 자기 미래에 자신이 없기 때문이다.

요약은 단순히 몇 개 문장을 끌어와 이어 붙이는 게 아니다. 책 전체를 관통하는 저자의 생각을 꿰뚫고 핵심을 재탄생시키는 작업이다. 평상시 필요와 불필요를 구분하지 못하고 가치 우선순위를 확실히 설정하지 못하면 생각의 칼날이 무뎌진다. 자기 논리와 언어로 요약하기 힘들다. 방치된 물건 옆에서 TV 보는 나, 게으름을 피우며 옷장 정리를 미루는 나, 글을 쓰며 생각을 표현하는 나, 모두 같은 나다. 동일한 뇌가 명령한다. 일상이 뒷받쳐 주지 못하는 글은 힘이 없다. 정리를 실천해야 제대로 정리된 글이 나온다.

망각은 기억을 정리한다. 스스로 정리하지 않으면 망각으로 정리당한다. 망각이 정리하면 단서를 남기지 않는다. 그냥 기억을 지워버린다. 좋은 문장을 많이 써놔도 내 생각으로 정리하는 단계를 거쳐야 비로소 내 것이 된다. 책을 읽으며 깨우친 사실과 새롭게 얻은 생각이 무엇인지 전체 그림을 그릴 수 있는 단계가 바로 이 요약단계다.

확고한 정리 루틴으로 나만의 질서를 만들자. 언제나 나를 정리된 환경 속에서 살아 숨 쉬도록 하자. 정리가 내 일상 시스템 코드로 자리 잡을 때 비로소 진짜 요약문이 탄생한다.

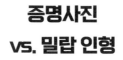

증명사진
vs. 밀랍 인형

~~~ **2** ~~~

　소개팅 다녀온 친구가 잠깐 만날 수 있겠냐면 연락이 왔다. 술자리에서 친구는 그녀 이야기를 자세히 들려줬다. 직업, 거주지, 나이, 생김새, 키, 입력된 정보를 하나씩 풀었다. 자신만의 여심 공략법도 무용담처럼 들려줬다. 그때는 결혼 전이라 모든 이야기가 흥미진진하고 재미있었다.

　"야, 사진 있어?"

　내가 짧게 물었다. 함께 찍은 사진은 아직 없다며 소개한 사람이 보내준 증명사진을 보여줬다. 바로 확인 들어갔다. 액정 화면 절반도 안 되는 이미지 하나가 그때까지 입수된 모든 정보보다 더 많은 것을 알려줬다.

머릿속에서 친구와 식사하며 대화 나누는 모습이 재생되었다. 말하는 태도나 동작도 함께 떠올랐다. 어떤 성격의 소유자인지 느낌이 왔다. 친구와 연인 확률을 감만으로 추정해 봤다. 이목구비를 하나하나 살폈다. 건너편 친구 얼굴과 번갈아 보며 각 부위 비교 우위를 따져봤다. 보랏빛 미래를 그려주며 친구에게 힘을 실어줬다. 분주하게 친구 장점을 말하며 용기를 줬다. 1년 후 그 둘은 결혼했다. 지금은 초2 아들을 키우며 잘 산다.

얼굴은 한 사람의 요약본이다. 어떤 사람인지 말해주는 핵심 정보로 가득하다. 그녀에 대한 온갖 이야기와 부연 설명보다 얼굴 사진 하나가 훨씬 많은 것을 알려 줬다. 내가 알고 있는 누군가는 얼굴 형태로 저장된다. 지금 생각나는 이름을 마음속으로 떠올려 보라. 모두 얼굴이 함께 기억나지 않는가.

필사에서 요약은 책의 얼굴 그리기다. 한번 보면 무슨 내용을 담고 있는지 바로 알 수 있게 만든다. 어떤 유익한 콘텐츠를 담고 있는지 추정할 수 있다. 읽으며 느꼈던 감정이나 깨달음을 떠올리게 한다. 책을 요약한다는 것은 그만큼 중요하다. 기억 저장고에 보관될 해당 책의 형태를 주조하는 작업이다. 압축된 정보만 담겨야 한다. 군더더기가 허용되지 않으며 균형 잡힌 구조도 중요하다.

요약문은 내가 쓴 글이어야 한다. 필사 문장 몇 개를 연결한다고 완성되지 않는다. 요약문도 엄연히 서론, 본론, 결론이 있다. 중심 생각이 존재한다. 창의적 비유가 저자의 핵심 메시지를 담고 있고 곳곳에 고유 감정과 느낌이 스며들어 있어야 좋은 요약문이 된다. 자신이 봐도 인상적이고 오래 기억될 책의 얼굴이 완성되는 것이다.

필사의 중요한 목적 중 하나는 생각력을 기르는 것이다. 힘들어도 아령을 자주 들어올려야 근육이 커지는 것처럼 요약을 위한 고민은 생각력을 키운다. 필사 후 요약문을 따로 작성하는 게 쉽지는 않다. 뇌는 끊임없이 생각 에너지를 아끼고자 그 길을 피하려 한다. 고백건대, 아직도 난 필사 후 요약을 건너뛰고픈 마음을 이겨내는 중이다. 여러 각도에서 많은 것을 고려하며 생각해야만 하는 요약 작업을 뇌는 꺼린다.

요약의 왕도는 없다. 다른 기술처럼 실행 빈도를 높여 실력을 기를 수밖에 없다. 시행착오가 많았다. 어떤 책은 실패한 성형처럼 이상한 요약문이 탄생했다. 적절한 비유 하나로 책 전체 내용을 담은 멋진 요약도 있었다. 인생책으로 등록을 앞둔 책은 몇 번의 퇴고를 거듭하고 요약문이 나왔다. 언제든지 키워드 몇 개로 핵심을 끌어낼 수 있는 요약문을 만들고 싶었다. 시행착오 끝에 다듬어진 요약 프로세스를 소개한다.

요약문 작성 첫 번째 작업은 글의 구조를 결정하는 것이다. 난 두괄식을 선호한다. 핵심을 선두에 내세워야 글의 방향이 분명해진다. 다음 문장이 길을 잃지 않고 유기적으로 연결 된다. 문단을 이끄는 첫 문장이 명확하면 문단 전체가 안정적으로 메시지를 전달할 수 있다.

필사 노트를 검토해서 세 가지 키워드를 뽑는다. 책의 성격과 분량에 따라 키워드 수가 달라질 수 있지만 난 셋을 선호한다. 뇌는 선택지를 한정하지 않으면 스트레스를 받는다. 에너지를 소모한다. 몇 개를 선택할지 고민하는 대신 요약의 질을 높이는 게 현명하다는 판단하에 이제는 무조건 세 개의 키워드를 찾는다. 많으면 줄이고 적으면 나눈다.

다음, 키워드를 하나로 담을 수 있는 비유를 찾는다. 기억과 설명에 있어 비유만큼 강력한 무기는 없다. 성경은 비유로 가득하다. 부처님도 비유로 깨달음을 전했다. 토론에서 적절한 비유는 해당 패널의 내공과 사안 이해도를 가늠케 한다.

MIT 공대를 온라인 수강만으로 2년 만에 졸업한《울트라 러닝》의 저자 스콧 영은 비유를 이해의 핵심으로 봤다. 《Study Less, Learn More》라는 학습법 교재에서 첫 꼭지를 비유로 정한 것은 우연이 아니다. 깊이 이해하지 않고서는 결코 낯선 대상과 연결할 수 없다. 비유를 찾으면 요약은 쉬워지고, 질은 높아질 것이다.

문장은 단문으로 직진한다. 'Simple is the best.'를 유념한다. 요약은 글 무게를 극단적으로 줄이는 작업이다. 뼈만 앙상하게 남을 정도로 살을 없애야 한다. 복문이 늘고 부연 설명이 추가될수록 글은 힘을 잃는다. 강렬하게 기억에 새길 문장으로만 구성되도록 만들어야 한다. 중복 어휘를 찾아 없애는 것도 단문 작업에 포함된다. 예를 들어, '허송세월로 시간을 낭비하면서 무의미하게 보냈던 시절'은 '허송세월로 보낸 시절'로 바꾸는 것이다.

연결어 사용을 지양한다. 연결어로 문장을 잇게 되면 오히려 연결성이 떨어진다. 말하지 않아도 한눈에 알 수 있는 커플이 진짜 연인이다. 어색함 없이 행동만으로 연인인 줄 알 수 있어야 끈끈한 사이라 할 만하다. 문장도 마찬가지다. 두 문장 간 흐름이 자연스러우면 굳이 문장 부사가 끼어들 필요가 없다. 한 단어라도 없앨 수 있으면 없애야 한다.

없애고 압축하고 정리하는 게 요약이다. 요약은 기억을 강화한다. 언제든지 핵심을 한눈에 파악할 수 있게 해준다. 그 결과물이 주는 효용이 크다. 요약하는 과정에서 얻게 되는 이익은 더 크다. 저자의 중심 생각을 정리할 기회가 된다. 자연스럽게 감정이입이 이뤄진다. 감정과 느낌의 되새김질은 마음을 더 깊이 들여다보게 만든다. 비유 대상을 찾으며 평범한 물건들을 다른 시각에서 바라보게 된다. 또 하나의 새로움을 경험하는 것이다.

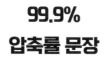

99.9%
압축률 문장

~~~ **3** ~~~

진실은 하나고 거짓은 여럿이다. 시사 토론에서 정치인 간 대화를 보고 있으면 이 사실이 좀 더 명확해진다. 속이는 자는 진실을 덮으려 여러 사실을 늘어놓는다. 미사여구를 사용한다. 끊임없이 논점을 흐리고 자기주장을 오랜 시간 근거 없이 말한다. 본질이 아닌 상대 말꼬리를 잡고 틀렸음을 지적한다. 과학 시간에 국어 맞춤법을 문제 삼으며 자연법칙이 잘못되었다고 주장하는 꼴이다. 자기 생각을 당당하게 말하지 못한다. 국민 뜻이 그러하다고 본인 의도를 숨기며 지엽적인 사실을 나열한다. 사안을 이해하지 못하고 있거나 거짓을 이야기하거나 둘 중 하나다.

요약 마지막 단계는 단 하나의 압축 문장을 만드는 것이다. 진리는 단순하다. 한 권의 책이 나에게 전달하는 메시지 또한 간단하다. 오랜 시간 함께 한 절친의 이미지가 '따뜻한 친구', '믿음직한 친구', 혹은 '재미있는 친구', 단 하나의 느낌으로 떠오르는 현상과 비슷한 이치다. 마지막 책장을 넘기면 반드시 전체를 담을 수 있는 하나의 문장을 필사 노트에 적어 보라. 내 삶에 반영할 머릿속 각인 문장이 될 것이다.

완독한 모든 책 맨 뒷면에 날짜, 시간, 장소, 그리고 압축 문장을 적는다. 다시 한번 읽을 경우, 또 하나의 압축 문장이 그 아래 덧붙여지기도 한다. 읽고 필사한 내용이 달라지기에 그 시점과 상황에 필요한 메시지가 다르기 때문이다. 시간과 공간이 특정되고 그때 생각과 느낌이 한 문장에 배어 있으니 내용을 떠올리기 쉽다. 삶에 적용할 포인트가 명확해진다.

고압축률로 만들어진 다음 예시를 보자. 이해를 돕기 위해 요약 내용을 함께 적었다.

"실력은 고강도로! 시도는 고빈도로!"
- 주언규의 《슈퍼 노멀》

신사임당 유튜브 채널 운영자로 잘 알려진 저자의 책이다. 평균 범위에 속하는 사람 중 탁월한 성취를 이뤄낸 이들의 공통점을 분석했다. 그들은 역할 모델을 찾아 철저히 모방한다. 실력과 운 영역을 구분한다. 시간을 저축하는 가장 좋은 방법이 실력 쌓는 것임을 알고 치열하게 노력한다. 운에 영향받지 않고 성공하기 위해 시도하고 또 시도한다. 고빈도 전략이 운을 끌어들이는 유일한 방법이라고 확신하기 때문이다. 이 모든 특징을 가진 사람을 저자는 슈퍼 노멀이라고 불렀다.

"한계는 관계로 극복한다."
- 댄 설리번 & 벤저민의 《누구와 함께 일할 것인가》

성공의 핵심은 'how'가 아닌 'who'에 있다. 문제가 발생하면 사람들은 대부분 '방법'을 고민한다. 아니다. 문제 해결을 위한 가장 빠르고 확실한 방법은 해결책을 지닌 사람을 찾는 것이다. 혼자 해낼 수 있는 사업은 존재하지 않는다. 일 뿐만 아니라 삶 전반에 거쳐 문제를 혼자 감당하려 하지 말아라. 전문가에 맡기고 당신은 자신만이 할 수 있는 분야에 주력하라. 사업의 핵심은 위임이다. 항상 내 목표를 달성하도록 누가 도와줄 수 있는지를 고민하라.

"인생은 그 주인을 닮고, 인간은 그 주변을 닮는다."
- 스튜어트 에머리 외 2명, 《당신의 방에 아무나 들이지 마라》

한 번 관계 안으로 들어오면 내보는 게 힘드니 인간 정리를 잘하라는 메시지를 담고 있다. 사람은 함께하는 사람을 닮아간다. 자신의 가치를 명확히 파악하고 비슷한 가치를 지닌 사람들을 가까이 두라. 기억하자. 당신이 시간을 쏟는 대상이 당신 마음을 통제한다는 사실을. 더 이상 만남을 원치 않는 사람이 가까이 있다면 짧은 시간만 투자하고 피하라. 그래야 그들의 소란스러움이나 광기에 전염되는 것을 막을 수 있다.

"당신은 어떤 기업입니까?"

- 송길영의 《시대예보: 핵개인의 시대》

핵 개인의 시대가 도래했다. 더 이상 가족이나 집단 단위로 움직이지 않는다. 한 명의 개인이 능히 기업을 대체할 수 있는 4차 산업혁명의 한가운데 서 있다. 전 세계인이 네트워크로 연결되어 있고 프로젝트를 중심으로 모였다 흩어진다. 특정 문제 해결력이 본인 가치를 결정한다. 시장은 전문가만 살아남을 수 있는 시대를 향해 달려간다.

"공감이 먼저다."

- 전성수의 《복수 당하는 부모들》

부모의 일방적 교육관은 아이 반항과 부적응 행동을 낳는다. 자녀 입장에서 생각하는 게 중요하다. 아직도 학벌이 인생을 보장해 줄 것이라 믿는 학부모가 많다. 어리석다. 변화한 시대를 읽고 행복한 독립체로 성장할 수 있도록 아이를 도와줘야 한다. 아이와 유대를 형성하지 못하면 모든 노력이 무의미함을 기억하라.

"현재는 미래의 포로다."

- 벤저민 하디의 《퓨처셀프》

과거가 원인이 되어 현재가 결과로 나타나는 게 아니다. 미래가 원인이 되어 현재가 펼쳐진다. 우리 뇌는 언제나 미래를 향한다. 뚜렷한 미래는 명확한 현재를 만든다. 그러니 미래 자신을 선명하게 그려라. 미래가 현재를 이끈다. 큰 비전을 세울 때 정체성과 행동이 변한다. 당신 목표는 종착지가 아니라 출발선이 된다. 미래의 나에 전념하라.

말하지 못하면 모르는 것이다.

"그거 아는데, 그거 아는데, 뭐였더라."

이 흔한 하소연은 그 자체로 모순이다. 아는데 모르겠다는 외침이 얼마나 이상한가. 아무리 많은 내용을 필사해도 전체를 관통하는 하나의 문장이 꼭 필요하다. 그 문장은 핵심 내용과 내 느낌을 담은 기억 상자 열쇠가 된다. 기억의 짐을 책 한 권에서 한 줄로 바꿔준다. 필사의 마지막 공간을 그 한 문장으로 장식하자.

99.9% 압축률 문장은 생각의 밀도가 다르다. 책이 내게 남긴 메시

지를 선명하게 만든다. 필사하면서 얼마나 집중하고 흐름에 몰입했는지 드러낸다. 배경지식과 새로운 앎 사이 뜻밖의 연결을 통해 내 고유의 문장이 탄생한다. 여기까지 완료되면 책 한 권 필사를 마무리해도 된다. 마지막 남긴 단 하나의 문장 뒤 마침표를 필사의 마침표로 봐도 좋다. 더 공격적으로 삶을 바꾸고 싶다면 다음 세컨드 브레인 시스템에 주목해 보라. 필사와 일상이 어떻게 결합하여 시너지 효과를 가져오는지 지켜 보라.

Chapter.4

세컨드 브레인으로 통제한다

핸디 브레인,
시간의 사령관

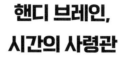

세컨드 브레인 시스템이 완성되면서 필사는 날개를 달았다. 세컨드 브레인 개념은 티아고 포르테의 《Building a Second Brain》를 통해 처음 접했다. 이 책은 지식 노동자가 IT 기술을 활용해 정보를 어떻게 관리해야 하는지 설명한다. 프로젝트 중심의 저장 관리 방식이 획기적이다. 직장에서 바로 적용 가능한 컴퓨터 작업 관련 유용한 팁이 가득하다. 주요 내용을 필사하면서 기존에 있던 두 가지 기록 체제에 디지털 노트 앱을 추가했다. 이제 기록을 주제와 프로젝트에 따라 더 쉽게, 빠르게 찾을 수 있게 되었다. 지식 블록을 만드는 데 가속도가 붙은 것이다.

나만의 세컨드 브레인 시스템은 크게 세 가지로 나뉜다.

첫째가 핸디 브레인(Handy Brain)**으로 A5 크기 다이어리형 바인더다.** 일상을 통제하는 가장 중요한 도구이며 컴퓨터로 비유하면 프로세서 역할을 담당한다.

둘째는 바인딩 브레인(Binding Brain)**으로 A4 크기 30공 바인더다.** 필사 기록과 프로젝트 기획 및 각종 정보가 여기에 모두 모인다. 일종의 컴퓨터 램 기능을 수행한다.

마지막으로 디지털 브레인(Digital Brain) **노션**(Notion-디지털 노트 앱)**이 있다.** 앞선 두 개 브레인이 통합된 가상 공간이다.

지금까지 책에서 언급했던 다이어리는 모두 핸디 브레인을 의미한다. 3년째 바인더 겉은 그대로 두고 나만의 양식을 만들어 사용하고 있다. 필사만큼이나 오랜 시간 정성을 기울인 포맷이라 애착이 크다. 기상과 취침 시간, 계획과 실행 기록, 루틴 체크까지 일상 전체를 통제하는 시스템이 여기에 들어있다. 유일무이한 나만의 다이어리 형식이다.

필사 독서가 생활화되면서 시간을 더 확보하고 싶었다. 깨어있는 시간 모두 의도대로 사용하고 싶은 마음이 커졌다. 기존 다이어리 양식은 내 이상적인 하루를 담아내지 못했다. 기상과 취침 시간부터 달랐고, 습관을 안착시키는 시스템이 없었다. 성찰을 위한 공간이 필요했고 개선책을 적어둘 여백도 마련하고 싶었다. 결국 내 일상을 반영하는 최적화된 시간 통제 양식을 만들기 시작했다. 필사 독서로 배우고 느낀 점을 적용하기 위해 수정을 거듭했다. 그렇게 탄생한 게 지금의 핸디 브레인이다. 주요 특징을 몇 가지 소개한다.

핸디 브레인 핵심은 주간 계획표다. 시간을 관리하는 중추적 역할을 한다. 일주일을 조망하며 하루를 봐야 전체 그림 속 퍼즐을 볼 수 있기에 일간·주간 계획을 통합했다. 하루 일정표는 새벽 2시부터 시작해 밤 9시면 끝난다. 《The Seasons of Life》필사 후 하루를 봄, 여름, 가을, 겨울로 나눠 음영으로 구분 지었다. 6시간 단위로 분위기를 바꿔 시간을 운영한다. 매일 기상 시간을 첫머리에 적고 시즌이 바뀔 때마다 계획과 실행 여부를 점검한다.

주간 계획표에는 Ritual Tracker +day 항목이 있다. 루틴으로 설정한 행동을 얼마나 지속하고 있는지 기록하는 공간이다. 예를 들면, 오늘 토요일 칸에 '푸시업(V) 50 x 3' ⑯이 적혀있다. 레벨5 푸시업을 16일 연속해서 성공했다는 의미다. 푸시업은 처음 열 개 3세트부터 시작했다. 21일 연속으로 달성하면 레벨업이 이뤄지고 10개가 더 추가된다. 하루라도 미루면 레벨은 떨어지지 않지만 ①일차부터 다시 해야 한다. 쌓아온 루틴을 아깝게 느껴 '오늘도 실행!'을 목적으로 고안한 방법인데 매우 효과적이다. 긍정 확언 쓰기, 새벽 명상, 건강 일지 작성, 영어 듣기 훈련도 이 항목에 루틴 누적 결과가 표시된다. 숫자 하나로 특정 행동의 과거와 현재를 모두 알 수 있어 유용하다.

하루 일정표는 두 칼럼으로 나뉜다. 왼쪽은 계획, 오른쪽은 실행을 기록한다. 바인더 사용 초기에는 계획을 작성하고 그 실행 여부를 체크했다. 수시로 치고 들어오는 변수 때문에 계획과 어긋나는 일이 많아 스트레스가 커졌다. 내가 시간을 통제하는 게 아니라 통제당하고 있었다. 인생은 끊임없는 계획 수정의 과정임을 체험했다.

결국 계획과 실행을 완전히 분리해 기록하도록 양식을 바꿨다. 몇 시에 했느냐가 중요한 게 아니라 해냈느냐가 중요하다는 것을 알게 되었다. 계획은 하루 미리 보기 의미로 새벽에 세우고 이후 상황과 컨디션에 따라 유연하게 해야 할 일을 처리한다. 변수로 인한 에너지 소모가 적어졌고 목표 달성률이 높아졌다.

독서 목표량과 개선책도 주간 계획표에 포함된다. 일주일간 읽을 책 이름과 목표 페이지를 적는다. 책 읽기 목표를 쓰는 작은 표는 네 줄로 되어 있다. 병렬독서를 실행하기 위함이다. 그 옆에는 독서로 얻은 유용한 아이디어를 쓴다. 자주 보면서 새로운 생각이 익을 수 있도록 하는 게 목적이다. 잠깐 볼 때마다 어떤 루틴을 만들어낼까, 효과적인 실행방식은 뭘까, 얼마만큼의 시간을 배분해야 할지 생각해 본다. 독서량보다 독서의 질을 높이고자 함이다. 사색하고 정리하고 실행으로 이어지는 시스템이 마련되어야 그 질을 높일 수 있다.

매일 새벽 긍정 확언을 쓰는 곳도 핸디 브레인이다. 푸시업이 끝나면 차분히 앉아 내 정체성을 세 문장으로 쓴다. 그리고 거울을 보며 각 문장을 나에게 세 번 말한다. 다음 불을 끄고 새벽 명상에 들어간다. 내 미래를 만나고 하루를 그린다. 이렇게 일체화된 루틴을 가능케 한 게 바로 이 핸디 브레인이다. 디지털 앱으로 모든 과정을 기록한 적이 있었다. 2주를 넘기지 못했다. 나에게 맞지 않았다. 키보드는 손글씨가 생산하는 감정량을 따라오지 못한다. 느낌까지 담을 수 있는 아날로그 기록이 아직 인간에게 필요함을 깨달았다. 이후 시간 통제 작업은 모두 종이 위에서 이뤄진다.

마인드맵, 나에게 보내는 편지, 회의 기록, 미팅 내용, 프로젝트 예비 계획도 모두 핸디 브레인 담당이다. 전두엽의 플레이 그라운드라고 말해도 좋을 것 같다. 필사로 업그레이드된 일상이 고스란히 이곳에 담겼다. 나의 변화 이야기가 이 한 권에 녹아 있다.

물은 물길 따라 흐르고, 인간은 제도 따라 행동한다. 주간 계획표 시간 경계선을 어떻게 표시하느냐에 따라 내 행동이 달라진다. 새로운 빈칸을 만들어 주면 뇌는 그곳을 채우기 위해 새로운 행동을 명령한다. 그렇게 시간은 내가 파 놓은 '시간 길' 따라 흘러간다. 세컨드 브레인은 지식 저장과 관리를 목적으로 탄생했다. 하지만 모든 상품과 서비스의 원자재인 시간을 통제하지 못하면 아무것도 이룰 수 없다. 핸디 브레인 중요성을 강조하고 자세히 설명한 이유가 바로 여기에 있다. 시간이 곧 삶이다. 핸디 브레인은 바로 그 시간의 사령관이다.

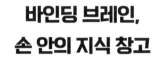

바인딩 브레인,
손 안의 지식 창고

2

　　온라인 쇼핑이 보편화되기 전, 물건을 살 때는 유명 밀집 상가구역을 방문했다. 전자 제품은 용산, 악기는 낙원, 옷은 동대문 상가에서 상품을 비교하며 구매하곤 했다. 주변 가게가 동일 상품을 판매하면 손님을 빼앗기거나 가격 인하 압박으로 장사가 안될 것 같다. 그러나 결과는 그 반대다. 시간이 흐를수록 그 지역은 더 유명해지고 사람들이 몰린다. 집적의 이익 때문이다. 모여 있을수록 필요 시설이 인근에 들어서고 벤치 마킹 기회가 늘며 소비자가 증가한다.

　　지식도 모여 있으면 시너지 효과가 발생한다. 비슷한 주제를 다루는 정보는 서로 연결되기 쉽다. 정보를 훑어보는 과정에서 중요 개념이 반복 등장하며 배경지식이 강화된다. 주제별 지식 모음집은 필요할 때 정보를 찾기 쉽다. 지식의 좌표를 추정하는 게 어렵지 않기 때문이다. 이런 장점 때문에 부를 일군 사람 중 바인더를 사랑하는 사람이 많다. 《돈의 속성》 저자 김승호 회장은 유용한 정보가 있으면 정리하여 바로 바인더에 철한다. 박상배 저자는 《본깨적》에서 바인더의 유용성을 자주 언급한다. 《성과를 지배하는 바인더의 힘》 저자 강규형은 바인더 하나만으로 브랜딩과 사업에 성공했다. 바인더는 힘이 세다.

A4 바인더를 난 바인딩 브레인이라 부른다. 세컨드 브레인 중 지식 수집, 이미지화, 자기표현 역할을 담당한다. 모든 필사 기록은 여기에 모인다. 책을 읽다가 떠오르는 아이디어나 이미지도 이곳에 보관된다. 제2, 제3의 지식이 생산되는 곳이다. 2022년 10월까지 필사를 일반 노트에 기록했다. 고명환의 《이 책은 돈 버는 법에 관한 이야기》를 읽다가 병렬독서의 장점이 눈에 들어왔다. 바로 적용해보기로 했다. 노트에 몇 권의 책을 동시에 필사하는 게 쉽지 않았다. 한 권의 필사량을 정확히 예측하기가 어려웠다. 요약과 마인드맵, 덧붙일 참고 자료까지 필사 노트 곳곳이 비거나 부족하여 혼란스러웠다. 그때 이 바인더가 떠올랐다.

필사 양식을 새롭게 만들어 바인더에 철했다. 신세계를 만난 것 같았다. 이제 책 속 참고 자료를 오려 붙일 필요가 없었다. 그냥 복사해서 적절한 위치에 끼워두면 끝이다. 병렬독서 책 수량도 제한이 없다. 어디든 필사 노트를 새롭게 끼워 넣을 수 있고 위치를 옮길 수 있으니 문제 될 게 없다. 맨 윗 칸에는 '페이지 질문' 칸을 새롭게 마련했다. 해당 장에서 가장 중요한 정보 관련 질문을 적는다. 덕분에 그 페이지에서 무엇이 가장 중요했었는지 한눈에 알아볼 수 있다.

바인더 사용은 책 읽는 데만 국한되지 않는다. 유튜브를 볼 때도 필사한다. 원하는 정보를 찾기 위해 매번 영상을 또 볼 수 없으니 핵심을 정리한 후 주제별 바인더에 보관한다. 단, 알고리즘이 이끄는 영상 시청은 지양한다. 유튜브 검색과 재생은 목적을 분명히 하고 클릭한다. 쇼츠에 넋이 나가 한두 시간을 그냥 허비한 적이 많았던 경험 때문이다. 오프라인 강의를 듣거나 세미나를 참석하더라도 반드시 바인더를 챙긴다. 관련 유인물을 가져와 정리한 내용 뒤에 철해 놓으면 기억을 떠올릴 때 도움이 된다.

프로젝트 추진 때도 바인더는 유용하다. 프로젝트명을 바인더 옆면에 표시하고 책장에 꽂아두는 게 일의 시작이다. 연관된 정보를 해당 바인더에 모으고 관련 필사 내용을 복사해서 같이 철해둔다. 정보가 한 군데 모이면 핵심 파악이 쉽다. 정리 방법이 떠오른다. 부족한 면이 눈에 들어오고 어디를 중점적으로 공부해야 할지 가늠이 선다.

필사가 촉발한 바인더 사용은 인생 전체로 그 범위를 넓혔다. 프로젝트를 넘어 삶을 영역별로 나눠 바인더에 담아 보기로 했다. 건강, 성장, 관계, 일, 재정, 자유 등 삶을 구성하는 6개 영역이다. 건강을 바탕으로 끊임없이 성장하면서 좋은 사람과 관계를 돈독히 한다. 일에 몰입하여 재정 독립을 이루고 자유를 누리는 게 인생 목표가 되었다. 여섯 개 바인더에 각 영역 이름을 붙였다.

건강 바인더에는 '주간 건강 일지'를 철하고 유용한 건강 지식과 간단하고 유익한 음식 조리법을 모은다. 성장과 일 바인더는 각각 필사 노트와 프로젝트 바인더가 대신한다. 관계 바인더는 가족에게 보내는 편지나 특별한 날 사진과 일기를 보관한다. 가장 많은 감정을 바인딩하는 곳이다. 재정 바인더는 재정 독립이란 네 글자가 새겨져 있다. 가계의 수입, 지출, 자산, 부채, 투자 상황을 업데이트한 월간 재정 보고서를 보관한다. 마지막으로 자유 바인더에는 꿈과 비전이 저장된다. 갖기, 하기, 사기, 가기, 되기 목록의 상세 이미지가 살아있다.

아홉 살 아들 태건이의 기록도 바인더에 보관한다. 성적 통지

표, 직접 그린 작품, 아빠와 함께한 생각 전략 게임, 엄마 아빠가 작성한 우리 아이 장단점 설문지까지 바인더에 모아두었다. 시간이 흐를수록 아이가 선물해 준 벅찬 감동을 떠올리기 어렵다는 게 안타깝다. 그나마 바인더에 모아둔 단서 덕분에 추억 소환이 수월하다. 어린 날 기록은 많을수록 좋다. 노는 게 유일한 일이고, 부모의 울타리 안에서 마음껏 장난치고 사랑받고 표현하는 시절은 얼마나 소중한가. 되도록 많은 기억을 아이에게 남겨주고 싶다.

직장 동료에게 바인더를 추천한 적이 있다. 초1과 초3 아들 둘을 키우는 엄마가 아이를 열심히 키운 것 같은데 뭔가 남는 게 없다고 말했다. 아이 기억 어딘가 엄마의 노력과 성과가 분명 자리 잡고 있겠지만 눈에 보이지 않으니 확인할 길이 없다. 바인더 사용법과 30공 펀칭 도구를 소개해 줬다. 2주 후, 왜 진작 바인더를 사용하지 않았는지 후회된다고 말하며 고마움을 전했다. 기억도 감정도 머물 자리가 필요하다. 시간이 압축된 기록이 모여있는 곳, 바인더에는 지난 시간을 재생할 수 있는 단초들로 가득하다.

'Project Gripper'라 이름 붙인 바인더는 늘 나와 동행한다. 라벨지로 필사, 책쓰기, 영어, 프로젝트, 건강 영역을 나눴다. 책장의 바인더를 모두 가지고 다닐 수 없으니 가장 사용 빈도가 높은

네 영역 지식을 기록하고 모으기 위함이다. 한번 사용해보면 그 위력을 바로 알 것이다. 왜 이것이 단순 파일철이 아닌 두 번째 두뇌 구실을 하는지 이해할 수 있다. RAM 용량이 클수록 컴퓨터 성능이 좋아지듯, 준비된 바인더가 많을수록 두뇌의 생각 공간이 커진다. 바인더로 필사에 부스터 엔진을 달아 보자.

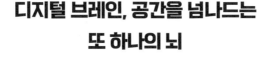

디지털 브레인, 공간을 넘나드는
또 하나의 뇌

3

　필사 습관이 정착되면서 자료 보관 방법이 늘 고민이었다. 시간과 장소에 구애받지 않고 원할 때 바로 필사록을 찾아볼 수 있길 갈망했다. '그게 뭐였더라. 뭐였더라.' 생각날 듯 말 듯한 이미지가 갈수록 늘어갔다. 흐릿한 스케치처럼 내용이 확실하지 않아 답답했다. 집에 돌아와 필사 노트를 뒤적이고 나서야 그 갈증이 해소되는 상황이 잦아졌다. 어떻게든 해결책을 찾고 싶었다.

　첫 번째 시도로 필사 내용을 한글 파일에 저장했다. 필사 노트를 통합하여 하나의 파일에 담아 보기로 한 것이다. 타이핑 작업은 좋은 문장을 되새기며 기억을 강화하는 효과까지 가져왔다. 점심 식사 후 25분을 '필사 인풋' 루틴으로 만들었다. 12시

35분부터 1시 사이, 업무에 지장을 주지 않으면서 나만의 휴식을 즐길 수 있는 시간대다. '공유지' 한켠에 자리 잡은 작은 '내 텃밭' 공간을 활용해 보기로 한 것이다. 우선 식사 후 동료 간 대화에서 할 일을 핑계로 빠져나왔다. 필사 노트를 모니터 옆에 두고 한 문장씩 입력하기 시작했다.

만족스러운 결과였다. 잊고 있었던 울림의 시간이 다시 찾아왔다. 좋아했던 글귀를 다시 보며 '야~, 어떻게 이렇게 표현할 수 있지.' 혼자 무언의 감탄을 쏟아내며 키보드를 두들겼다. 그 이전엔 오전 업무 보상이라 여기며 인터넷 서핑을 즐겼던 시간이다. 점점 차원이 다른 보상을 안겨주는 시간이 되었다. 늘어가는 파일 페이지 수만큼이나 뿌듯함이 쌓여갔다. 'Ctrl + F'와 키워드 입력만으로 원하는 문장을 바로 찾을 수 있으니 얼마나 기쁜가.

필사 한글 파일이 커지면서 어디서든 필사 인풋이 가능한 체계를 갖추고 싶었다. 일터뿐만 아니라 카페나 집에서도 필사 노트를 디지털화하길 원했다. 고민 끝에 구글 시트로 입력 플랫폼을 바꿨다. 이번에는 입력 내용에 따라 철학, 문학, 역사, 과학, 경제, 자기 계발, 음악, 미술, 건강 항목으로 구분했다. 저자명, 도서명, 페이지 수 입력란도 추가했다. 분류 기능을 통해 한 가지 주제를 한꺼번에 모아 볼 수 있어서 좋았다. 언제든지 인터넷 접속만 되면 필사 내용 입출력이 가능하니 효율적이었다.

《Building a Second Brain》를 접하고 디지털 메모 앱의 장점에 매료되었다. 왜 진작 이런 앱의 존재를 알지 못했는지 시대의 속도를 따라가지 못한 내가 어리석어 보였다. 디지털 앱 관련 유튜브 영상을 보면서 각 디지털 노트의 장단점을 정리했다. 사용자 인터페이스를 따져보고 이용 후기를 검토한 후, 난 '노션(Notion)' 앱을 선택했다. 초기엔 그 매력에 빠져 필사 내용뿐만 아니라 업무, 비전, 할 일 목록, 쇼핑 리스트 등 일상 기록 모두를 디지털에 남겼다. 이젠 주요 기획 업무를 핸디 브레인에 이관했다. 지식 블록의 체계적 관리에 집중하기 위함이다. 노션은 사용할수록 그 막강한 힘에 놀란다.

최고 장점은 접근성이다. PC와 스마트폰 어떤 기기라도 언제 어디서나 접속할 수 있다. 이는 인풋 과정이 쉽다는 특징과 맞물려 있다. 온라인 수업을 듣다가 핵심 내용을 정리한 화면을 캡처해서 노션에 바로 저장할 수 있다. 길을 걷다 아이디어가 떠오르거나 대화 중 유용한 정보를 들으면 요약해서 노션에 담아둔다. 운전 중 기억하고픈 생각이 떠오르면 음성으로 녹음한다. 정차하면 음성 파일을 텍스트파일로 전환해 노션으로 옮긴다. 말 그대로 '두 번째 뇌'를 장착하고 다니는 듯하다.

파일 저장과 문서 작업이 한 공간에서 이뤄지는 것도 강점이다. 보통 운영체계에서는 파일 저장 시스템과 응용 프로그램이 분리되어 있다. 문서 작업을 위해서 별도 애플리케이션을 실행해야만 한다. 노션은 파일 보관과 작업이 한 화면에서 이뤄진다. 작업장과 창고가 동시에 존재하는 셈이다. 파일 수정 후 따로 저장할 필요가 없다. 작업은 실시간 저장되며, 중지하고 닫으면 언제든 그 상태에서 하던 일을 이어나갈 수 있다.

세분화된 필사 내용 관리도 가능해졌다. 기존에 사용했던 철학, 문학, 경제 등 도서관식 분류체계는 한 가지 항목이 너무 광범위한 주제를 다룬다. 모여 있어도 초점이 흐려지기 쉽다. 이제 좀 더 뾰족한 폴더로 구성했다. 결핍, 기록, 미움, 사람, 실패, 시간, 아침 등 화두가 될만한 용어별로 기록을 모은다. 각 단어는 이미지와 함께 표시되며 재정의와 핵심 생각 열이 추가로 나타난다. 예를 들어, '글쓰기' 항목은 '문자로 그려낸 삶'이라는 나만의 재정의가 글을 쓰는 그림 바로 밑에 보인다. 그 아래엔 '삶과 말과 글은 하나다.'라는 핵심 생각이 정리되어 있다.

요일별 훑어보기 기능도 추가했다. 키워드별로 정리한 필사 내용을 요일마다 다시 보기 위함이다. 방대한 분량을 매일 볼 수 없으니 요일별로 나눠서 필사 기록을 되새겨 본다. 거의 모든 필사 기록이 '토글(toggle: 제목과 내용란으로 나눠진 박스형 입력방식. 보통 때는 제목만 표시되고 클릭하면 숨겨진 내용이 펼쳐짐.)' 형식으로 저장되어 있다. 이 훑어보기 시간에 제목만 보고 내용을 떠올릴 수 있는지 테스트하기 위함이다. 공간 효율성이 높고 동시에 내 기억을 확인해 볼 수 있어 좋다.

요즘 노션은 AI 기능이 활성화되어 부담스러울 정도로 똑똑하다. 작은 단서 하나만으로도 내게 필요한 페이지를 멋지게 구성해준다. 편하다. 하지만 필사 인풋은 AI 도움 없이도 충분히 할 수 있다. 원하는 내용을 찾는 데도 아무런 문제가 없다.

내 필사력은 디지털 브레인 이용 전후로 나뉜다. 노션을 사용하면서 '퍼스트 브레인'의 짐이 줄었다. 뇌는 기억과 저장 역할을 노션에 위임하고 오직 생각하는 데 집중한다. 바로 떠오르지 않는 내용이 있으면 노션의 지정된 자리에서 확인하거나 검색 기능으로 찾아낼 수 있다. 프로젝트 관리에서 맛집 정보, 사이트 아이디와 비번, 미래 구상에 이르기까지 디지털 브레인에서 이뤄지는 작업은 무한하다. 일은 늘어났지만, 마음은 가벼워졌다.

한글 파일에서 공유문서를 거쳐 디지털 노트 앱에 이르렀다. 더디지만 기술 속도를 필사 습관 덕분에 따라가게 되었다. 어떤 놀라운 IT 기술이 또 등장할지 모르겠다. 인공 지능 로봇이 필사 노트를 스캔해 정리와 저장을 자동으로 해줄 수도 있겠다. 그러나 난 현재의 세컨드 브레인 체계만으로도 감사하다. 지금까지 구축한 '지식 생산 시스템'만으로도 충분히 원하는 미래를 만들

수 있다고 믿는다. 지금 바로 디지털 노트 앱을 사용해보자. 새
로운 세계를 경험할 것이다.

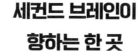

세컨드 브레인이
향하는 한 곳

~~ 4 ~~

언젠가 한 번 미국을 횡단해 보고 싶었다. 2012년 2월, 그 막연했던 꿈이 스스로 힘을 키워 실행 명령을 내렸다. 최소한의 짐을 챙겨 보스턴으로 떠났다. 처음 계획과 달리, 렌트카 상태가 좋아 모텔 대신 차에서 숙박했다. 첫 목적지는 나이아가라 폭포였다. 버팔로 시티로 향하다 밤이 되어 낯선 휴게소에 들어섰다. 칠흑같이 어두운 공터에 몇 대 차들만 주차되어 있었다. 낯설고, 두렵고, 불안했다. 동시에 새롭고, 떨리고, 기대되었다. 떨림은 늘 울림의 전조 증상이 아닌가. 자정쯤 알 수 없는 미대륙의 한 주차장에서 나는 외투를 입은 채 서서히 잠들었다.

다음 날 버팔로 시티 초입에 멀리 산불이 난 것처럼 연기가 피어올랐다. 나이아가라 폭포에 도착하고 나서야 그것이 연기가 아닌 물방울이라는 것을 알게 되었다. 경이로웠다. 웅장한 자태에 매료되고 커다란 폭포수 소리에 어안이 벙벙했다.

"떠나길 잘했어!"

혼자 소리높여 외쳤다. 이어 화이트 샌드 사막과 그랜드캐니언을 보며 세상에서 가장 위대한 예술가는 자연임을 확신했다. 살아 있기에, 건강하기에, 자유롭기에 누릴 수 있는 순간의 행복들이 폭죽처럼 마음속에서 터져 나왔다. 삶은 그 자체로 선물이다. 행동하는 자만이 선물을 열어 볼 수 있다. 12,000km 여정을 마치고 보스턴 공항으로 돌아올 때, 초췌한 내 겉모습과는 달리 내면은 환하게 빛나고 있었다.

한 달 동안 이어진 이 꿈의 여정은 아직도 내 행동력의 근간이 된다. 생각이 행동력을 위협할 때가 있다. 스스로 만든 변명에 설득되어 도전을 주저하는 때도 있다. 실행을 주저할 때면 여행 사진을 꺼내 본다. 그 순간의 감정과 느낌이 살아난다. 그리고 움직인다.

생각은 또 다른 생각을 부른다. 행동은 또 하나의 행동을 부른다. 필사 그 이상의 힘, 초필사력의 실체는 바로 행동력이다. 지금까지 말한 모든 계획과 기록에 관한 이야기는 단 하나에 초점이 맞춰져 있다. 실행이 최종 목적지다. 아무리 뛰어난 기록

체계를 가지고 있어도 행동하지 않으면 소용없다. 제아무리 유창한 언변을 늘어놔도 실천하는 삶과 연결되지 못하면 늘어놓은 약속만큼 초라해진다. 핸디 브레인, 바인딩 브레인, 디지털 브레인까지 그토록 오랜 시간 공을 들인 이유는 행동하기 위해서다. 효율적 시간 관리 아래, 더 많이 움직이고 더 많이 경험하고 더 많이 느끼기 위함이다.

여든다섯 병든 할머니가 다음과 같은 쪽지를 남겼다고 한다.

> "내가 다시 살 수 있다면 많은 착오를 범하고 싶다. 지금까지 살았던 것보다 더 어리석게 행동하고 싶다. 사실 인생을 살며 심각한 일이 어디 그렇게 많겠는가? 그러니 더 미친 척 행동하고 싶다. 더 많은 기회를 가질 것이며, 더 많은 여행을 할 것이며, 더 많은 산을 오르고 더 많은 강을 건널 것이다. 또 아이스크림도 원 없이 먹을 것이다. 그 대신 콩은 조금 덜 먹을 것이다. 오! 나 자신만의 시간이 있었더라면. 그래서 난 나에게 속한 더 많은 시간을 경험해보고 싶다. 내가 다시 살 수만 있다면, 이른 봄부터 늦가을까지 맨발로 다니고 싶다. 회전목마를 더 많이 타고, 더 많은 일출을 보고, 더 많은 아이와 놀 것이다. 내가 다시 한번 살 수만 있다면…"

'행동하고 싶다'는 말이 눈에 들어온다. 여행, 산 오르기, 강 건너기, 경험, 맨발로 걷기, 회전목마 타기, 아이와 놀기, 움직이지 않고 할 수 있는 게 어디 있는가. 삶을 마감하는 순간 밀려오는 후회의 실체는 모두 '행동하지 못한 시간'이다. 도전해서 성공하지 못해 안타까운 게 아니다. 실패해서 아픔이 상처로 남은 게 아니다. 미룸과 망설임, 변명과 핑계로 하지 못한 경험이 다음 세상으로 떠나는 이의 발걸음을 무겁게 붙들고 있다. 아름다운 마무리를 방해한다.

> "자나 깨나 신에게 기도한다면, '기도가 이루어지게 행동하라.'는 답을 얻게 될 것이다. 신이 우리에게 꿈을 주었으니, 우리의 의무는 몸을 움직여 그 일을 매일 하는 것이다. 그러면 우리가 바라는 사람이 되어 있을 것이다. 나는 이 건강한 방정식을 의심하지 않는다."
>
> - 구본형, 《나는 이렇게 될 것이다》

나 또한 작가가 말하는 건강한 방정식을 믿는다. 생각은 힘이 세다. 하지만 그 힘은 행동하지 않으면 발현되지 못한다. 가난한 자는 아는 데 만족하며 오만해진다. 부유한 자는 알고 행동하는 데 집중한다. 그렇게 빈자와 부자는 행동 여부 하나로 다른 세상을 산다. 움직이지 않는 지식은 오래 가지 못한다. 숨 쉬어야 생명이 유지되듯, 행동으로 옮겨야 지식은 살아남을 수 있다.

✏️ 어떻게 행동력을 끌어올릴 수 있을까?

옆집에 불이 나면 대피한다. 저 멀리 산에 불이 나면 구경한다. 두 시간 뒤 시험이면 집중하며 준비한다. 두 달 후 시험이면 늦장을 부리거나 휴식한다. 가까울수록, 임박할수록 실행력은 강해진다. 심리적 거리가 가까울수록 행동한다. 마음속 그림이 선명하고 구체적이면 그 거리가 좁아진다. 비전의 '생생도'가 행동 에너지를 결정한다.

핸디 브레인으로 오늘 할 일을 적는다면 이미 실행하고 있는 나를 생생하게 그려낸다. 일주일 전략을 고민하며 계획할 때도 성공적으로 한 주를 마치고 뿌듯해하는 나를 상상한다. 꿈 목록을 작성할 때는 활짝 웃고 있는 나를 대견하게 지켜본다. 무엇을 꿈꾸든 행동하기만 하면 이룰 수 있다. 어디에 가고 싶든 당장 실행하면 그곳에서 나를 만날 수 있다.

'실행-실수-실패-실력-실적' 필사 노트에 적은 나만의 성공 절차다. 원하는 실적을 쌓고 싶다면 행해야 한다. 사람이니 실수하고 실패할 수 있다. 그 과정에서 필연적으로 성공의 자격을 갖춘다. 실력이 쌓인다. 실력이 다져졌을 때, 자연스럽게 실적이 드러난다. 이 프로세스는 생각하는 힘이 뒷받침되어야 지속할 수 있다. 난 그 방법으로 필사를 택했다. 날마다 되고 싶은 나를 염원한다. 원하는 미래의 조각 그림을 완성하는 날이 바로 오늘임을 잊지 않는다. 기록과 꿈의 교차점에 행동이 자리하고 있다.

Chapter.5

행동을 시스템화한다

성찰로 행동력
업그레이드하기

~~~ **1** ~~~

일상을 기록할 때 꼭 성찰(省察)을 위한 공란을 둔다. '省'은 '작은 것(少)까지 보다(目)'의 뜻이고, '察'은 '집(宀)에서 제(祭)를 지낼 때 자세히 살핀다'로 해석할 수 있다. 내 시간을 꼼꼼하게 되돌아보고 반성하는 게 바로 성찰이다. 성찰 없이 삶이 좋아지기를 기대하는 건 어렵다. 무엇을 바꿀지 확정하지 않고 어떻게 더 나은 미래를 만들수 있겠는가.

내겐 성찰을 위한 필수 요건 세 가지가 있다. 새벽, 계획, 그리고 시간 기록이다. 어느 것 하나 중요하지 않은 게 없다. 의자를 떠받치는 다리처럼 이 셋은 성찰을 통해 행동력을 높이는 세 개의 축이라 할 수 있다. 하나씩 들여다보자.

첫째, 새벽은 성찰의 시작점이다. 하루의 성공문이다. 오늘 성패를 좌우한다고 해도 과언이 아니다. 24시간의 값을 생각해 본 적 있는가? 돈으로 환산할 수 없을 만큼 비싸다. 죽음 앞에서 하루를 더 살기 위해 가진 돈 모두를 기꺼이 내놓는 사람을 상상해 보라. 오늘은 그런 가치를 지닌 원자재다. 이 값비싼 하루 중 가장 가치 있는 시간이 새벽이다.

새벽을 열지 못하면 하루를 헐값으로 팔아 치우기 쉽다. 무거운 몸 가누며 일어나 겨우 눈뜨는 아침에 무슨 활력이 깃들겠는가. 열정이 깃들 리 만무하다. 끌려가듯 시작한 하루는 결국 그저 그런 시간으로 채워지고 만다. 주인답게 시작해야 한다. 일어날 이유가 분명해야 한다. 독서로 새로운 영감을 얻고 정신을 재무장하는 데는 새벽만 한 때가 없다. 새벽은 '해자의 시간'이다. 나 이외 누구도 현재에 끼어들 수 없는 유일한 시간이다. 미래를 상상하며 마음껏 설렘을 느끼는 시간이다. 새벽에 눈 뜬 사람만이 평생 깨어 있을 수 있다.

둘째, 계획은 성찰의 배경이 된다. 계획에 실패하면 실패를 계획하는 것이라고 했다. 자기 삶을 디자인하지 못하면 다른 삶을 디자인하기 위한 장식품이 되고 만다. 목적지가 표기된 지도도 없이 어떻게 항해하겠는가. 갈 곳이 명확하지 않으면 지나온 길을 되돌아볼 필요가 없기에 계획이 없으면 성찰도 효과가 없다.

해야 할 일을 나열한다고 다 계획이 되지 않는다. 짐 론의 《7가지 시간 관리 원칙》을 필사 노트에 정리하다가 생각을 덧붙였다.

"A goal without a deadline will be dead soon."

마감일이 없는 계획은 곧 죽는다. 긴박감 없는 갈망은 서서히 그 가치를 잃어간다. 그러니 계획엔 반드시 행동 수량과 마감 시한을 표시한다. 스스로 긴장감을 만든다.

셋째, 시간 기록은 성찰의 재료다. 시간을 공간으로 데려오면 기록이 된다. 공간으로 옮겨진 시간은 볼 수 있다. 시간을 기록해야 내 삶이 보인다. 어떤 곳에 집중했는지 알 수 있다. 무슨 일에 헛된 에너지를 썼는지 파악할 수 있다. 어떻게 해야 더 나은 일상을 만들어 낼지 해답을 찾을 수 있다. 미래가 궁금하면 시간을 어디에 쓰는지 확인해보라고 했다. 그러니 계획을 세웠으면 반드시 그 시간에 무슨 일을 했는지 기록하라. 기록 없이는 성찰도 개선도 불가능하다.

하루 기록을 위해 'Seasonal Review' 루틴을 만들었다. 하루 봄이 끝날 무렵인 아침 8시 30분, 새벽에 무엇을 했는지 기록으로 남긴다. 하루 여름이 끝날 무렵, 12시 30분 오전 업무와 점심 루틴 성과를 기록한다. 마지막으로 16시 30분, 오후 업무 성과를 쓴다. 그리고 하루 계획과 비교하며 성찰란에 생각과 감정을 적는다. 뿌듯함을 안고 써 내려가기도 하고, 아쉬움을 느끼며 공란을 채워나가기도 한다. 성공의 회상이든, 실패의 되새김질이든 모두 더 나은 내일을 상상케 한다.

시간을 기록해 보자. 성찰은 불빛 따라 생기는 그림자처럼 자연스럽게 이뤄진다. 시간 자원이 얼마나 낭비되고 있는지 한눈에 들어온다. 하루를 제대로 살려면 어떻게 해야 하는지 단서가 보인다. 아주 쉬운 일의 완수가 쌓여 성공이 만들어짐을 발견할 것이다. 하기 쉬운 건 안 하기도 쉽다. 극소수가 성공하는 이유가 바로 여기에 있다. 뇌는 아무것도 하고 싶지 않은 게 디폴트 값이다. 사람들은 행동하는 걸 두려워한다. 망설이고 고민만 하다가 때를 놓친다. 내 시간을 추적하자. 곳곳에 기회가 기다리고 있음을 알게 될 것이다.

> "승리한 대국의 복기는 이기는 습관을 만들어 준다.
> 패배한 대국의 복기는 이기는 준비를 만들어 준다."
> - 조훈현의《고수의 생각법》

바둑의 복기를 닮은 성찰은 어제와 같은 오늘을 반복하지 않도록 한다. 내 삶의 북극성이 어디인지 다시 바라보게 만든다. 지금 가고 있는 이 길이 맞는지 주변 이정표를 확인케 한다. 어떤 일을 하더라도 되돌아보면 얻을 게 분명히 있다. 인생 대국을 이길 수 있는 키를 성찰이 쥐고 있다고 말해도 과언이 아니다.

어느덧 종이로 생각하는 습관이 생겼다. 시간 기록이 일상화되며 나타난 자연스러운 결과이다. 새로운 사업 아이디어, 당장 해결할 문제, 중요한 미팅을 앞둔 전략, 이제 모두 펜으로 그 실체를 확인해 본다. 생각을 잉크로 디자인한 게 글이다. 종이 위에 선명하게 드러난 생각은 통제할 수 있다. 여러 각도에서 바라보며 입체적으로 사안을 고려할 수 있다. 아무리 복잡해 보이는 생각도 종이 위에 놓이면 선명해진다. 연결고리가 드러나고 해결책이 보이기 시작한다.

성찰 시간을 확보하자. 새벽을 내 것으로 만들자. 필사가 남긴 성찰 기록이 일상을 발전시켰다. 일기장, 메모장 어디든 좋다. 되돌아보고 나를 평가해 보자. 앱 사용 후기는 더 나은 버전을 위한 소스를 제공하는 것처럼, 내 시간 사용 후기는 업그레이드된 내일을 만든다.

리마인더 그리고
리마인더

2

매일 두 가지 리마인더가 날 기다린다. 하나는 무겁고 두려움을 품고 있다. 다른 하나는 가볍고 활기를 안겨준다. 모두 실행의 자동화 버튼 역할을 한다. 사소한 실천이 쌓여 자기 확신을 키운다. 자기 신뢰가 모여 행동력으로 전환된다. 내 행동력의 뿌리 역할을 하는 리마인더 둘이 있다.

삶은 유한하다. 이 사실을 가슴으로 느끼며 사는 사람이 얼마나 될까. 끝이 있음을 느끼지 못하기에 하루를 소모한다. 시간을 채우는 게 아니라 보내버린다. '시간 때우기'란 표현이 얼마나 흔한지 생각해보라. '이번 명절 킬링 타임 넷플릭스 영화 리스트', '핫 킬링 타임 게임 추천', '시간 때우기 킹왕짱 드라마', 전혀 어색하지 않은 썸네일 타이틀이다. 시간 흐름에 무감각한 주변이 익숙하기 때문이다.

우린 모두 시한부 인생을 산다. 단지 그 시한을 알 수 없을 뿐이다. 6개월 시한부 췌장암 환자보다 곁에서 슬퍼했던 친구가 교통사고로 먼저 숨을 거둘 수 있는 게 인생이다. 삶에 끝이 있다는 말은 단지 누구나 죽는다는 사실을 의미하지 않는다. 내 인생이 언제라도 끝날 수 있다는 뜻이다.

잠깐 시간 내서 수의(壽衣) 이미지를 검색해보라. 그리고 당신의 마지막 외출복을 자세히 살펴보라. '수의에는 주머니가 없다'라는 말이 생각나는가? 노란 삼베옷을 입고 사각 목판 잠자리에 누워있는 나를 상상해 보라. 두렵다. 오싹하다. 하지만 반드시 오고야 마는 현실이기도 하다. 나태와 타협하는 몸을 움직이게 하는 방법으로 이만한 자극이 없다. 죽음도 잘만 활용하면 삶의 커다란 에너지원이 될 수 있다. 가능성은 무한해도 젊음은 유한하다. 꿈은 무한하지만 이룰 시간은 유한하다. 미래는 무한히 펼쳐지고 오늘은 유한하다.

"나는 죽는다."

새벽에 보내는 첫 리마인더 메시지다. 모든 꿈 이루고 여행 가듯 다음 세상으로 떠나는 나를 상상한다. 인생이 유한하다는 사실을 가슴으로 받아들이면 몸이 움직인다. 분발심이 차오른다. 무한 자원은 소중한 줄 모른다. 주어진 날들이 얼마 남지 않았다는 것을 알았을 때 그 귀함이 커진다. 볼프강 페터젠 감독의 영화 〈트로이, 2004〉에서 주인공 아킬레스는 다음과 같이 말한다.

> "The gods envy us. They envy us because we're mortal. Because any moment might be our last. Everything's more beautiful because we're doomed.
>
> 신은 인간을 질투한다. 그들은 인간을 부러워한다. 우린 끝이 있고 어떤 순간도 마지막이 될 수 있기 때문이다. 우리는 죽을 운명이기에 모든 게 더 아름다울 수 있다."

20년 전 봤던 영화인데 이 대사 첫 느낌이 아직 남아 있다. 그만큼 여운이 컸다. 나 또한 죽는다는 절대적 사실, 이것만큼 강한 행동 에너지는 없다.

하루 에너지도 끝이 있다. 유한에 대한 감각 세포가 깨어나면 의지도 한계가 있음을 깨닫는다. 의지만으로 계속 행동할 수 있다는 착각, 이제 내려놓을 때도 되었다. 선택과 집중이 중요하다. 최우선순위에 힘을 쏟고 그 밖의 일은 위임해야 한다. 사람이든 기계든 상관없다. 내 일을 대신할 수만 있으면 된다. 위임량과 하루 에너지 잔량은 비례함을 기억하자. 고위직 임원이나 회장들이 일정 관리를 비서에게 전적으로 넘기는 건 바로 이런 이유에서다.

또 하나의 하루 리마인더는 스마트폰 알람이다. 알람은 내 가장 충실한 비서 역할을 한다. 하루 일정을 기억하고 제때 알려주는 업무를 모두 이 비서에게 일임했다. 언제나 정확하다. 변경된 시간을 잊은 적이 없다. 매일 혹은 요일에 맞게 내가 할 일을 확실하게 알려 준다. 융통성이 없기는 하지만 우직한 면이 마음에 든다. 무슨 일이 있어도 자기 할 일을 반드시 해낸다.

03:00 첫 알람이 울린다. 보통 그 이전에 눈을 떠서 곧바로 필사 독서를 시작한다. 그러다 3시 알람이 울리면 하루 의식을 시작한다. 운동, 확언, 명상이 하나의 세트로 Daily Ritual이 되었다. 핸디 브레인에 성과를 표시하고 하루 계획을 세운다. 오늘 출발 신호가 바로 3시 알람이다.

04:00 두 번째 알람이다. 체중을 기록하고 'Weekly Health Log'를 작성하는 시간이다. 어제 먹었던 음식, 수분량, 수면 시간을 살펴보며 성찰 공란을 채운다. 좀 더 나은 건강 상태를 만들기 위해 노력할 부분을 생각해 본다. 4시 알람은 오로지 내 건강을 위해 투자하는 시

간이다.

08:30 세 번째 알람이 울린다. 정산 시간이 다가왔다. 기상해서 그때까지 실행한 것을 기록한다. 오늘 일정을 확인하고 우선순위를 다시 상기한다. 본격적으로 업무에 들어가기 전, 온전히 날 위해 투자한 시간을 결산하고 작은 마침표를 찍는 시간이기도 하다.

12:35 점심 자유 시간을 알리는 알람이다. 필사 내용을 디지털 브레인으로 옮긴다. 타이핑과 함께 좋은 문장은 다시 낭송한다. 관련 이미지를 찾아 함께 저장하기도 한다. 말은 내면의 양분이다. 다시 힘을 불어넣어 남은 하루를 살아낼 수 있도록 해주는 이 시간이 좋다.

16:30 마지막으로 설정된 알람이 울린다. 오늘을 결산하는 알림이다. 귀가 후 얼마 남지 않은 에너지로는 제대로 결산할 수 없다는 것을 알기에 시간을 앞당겼다. 내일 업무 계획을 세우고 주간 일정을 다시 들여다본다. 귀가 후 집에서 꼭 해야 할 일을 기록한다.

지하철을 타면 정거장마다 도착 전 안내 방송이 나온다. 그 '알람'을 듣고 사람들은 내릴 준비를 한다. 하루의 시간을 통과하면서 지하철 안내 방송 같은 알람이 대기한다. 내가 계획한 바를 놓치지 않고 실행할 수 있도록 해주는 고마운 소리다. 리마인더는 투자 대비 효과가 크다. 적은 노력으로 큰 성과를 얻는다.

두려운 리마인더 속삭임이 있다. 고마운 리마인더 소리도 있다. 무게와 결이 다른 이 둘은 똑같은 메시지를 전하며 명령한다. '행동하라!' 무한의 시간에서 티끌만 한 시간을 얻어 사는 게 우리다. 행동하는 자만이 그나마 '무거운 티끌'로 세상에 흔적을 남기고 떠날 수 있다.

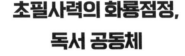

초필사력의 화룡점정,
독서 공동체

3

> "나는 세상에서 가장 부유하고 건강하고 자유로운 타
> 이탄이다.
> 나는 행동한다.
> 나는 성공한다.
> 나는 증명한다.
> 나는 나를 사랑한다."

강의실에 활력이 넘친다. 토요일 아침 7시, 독서 모임을 위해 사람들이 모였다. 모두 일어나 위 선언문을 외치는 것으로 토론이 시작된다. 한 주간 함께 했던 책을 놓고 삼삼오오 이야기를 나눈다. 무엇을 새롭게 알고, 느끼고, 깨달았는지 대화한다. 책

읽는 동안 각자가 써 내려간 작은 역사를 공개하는 시간이다. 모두에게 강한 인상을 남긴 문장이 드러난다. 여운이 컸던 구절은 제각각이다. 저자의 생각과 화학 반응을 일으키면 탄생한 새로운 생각들이 쏟아져 나온다. 일주일 중 가장 기다리는 시간 중 하나다.

2022년 11월 7일, 처음 독서 모임에 갔다. 3년 넘게 필사록이 쌓였지만, 마음 한편이 채워지지 않았다. 무수한 독백을 종이에 옮겨 적었다. 나눔의 갈증이 갈수록 커졌다. 확장력의 한계를 느꼈고 다른 사람 생각이 궁금했다. 무엇보다 변화가 필요했다. 생각이 글뿐만 아니라 행동에도 스며들길 원했다. 행동력을 끌어올리고 싶었다.

첫 독서 모임에서 참여 동기와 소감을 말하는 기회가 있었다. 행동력을 높이기 위해 나왔다고 말했다. 열정 어린 사람들과 좋은 생각을 나눠 보람 있었다고 짧게 소감을 밝혔다. 이후, 매주 토요일 아침은 이 공간에서 시간을 보낸다. 한 주간 책 한 권을 읽고, 필사하고, 토론하고, 포스팅하는 루틴이 굳어지면서 자연스럽게 행동력이 향상되었다. 목적을 달성했다.

스스로 기회의 문을 용케 찾아 들어왔다. 토요일마다 새벽바람 가르고 책과 함께 달려온 사람들은 꿈이 가득하다. 이루고 싶은 열망과 의지가 표정에서 드러난다. 밑줄, 형광펜, 포스트잇, 책장 접기, 여백 쓰기, 자기 세상으로 작가의 생각을 데려오는 방법이 다양하다. 신기하다. 얘기 나눌수록 재밌다. 책을 디딤돌 삼아 더 큰 배움의 세계로 초대된 듯한 느낌이다.

독서는 강요할 수 없다. 필요를 느낀 사람만이 책을 찾고 변화한다. 늘 깨어 있고픈 욕망이 살아 있어야 책을 편다. '2021년 국민 독서 실태' 조사 결과에 따르면 대한민국 성인의 연간 종합 독서율은 47.5%, 독서량은 4.5권이다. 성인 중 절반은 1년 동안 단 한 권도 읽지 않는다. 평균 81일마다 책 한 권을 읽는다. 독서 모임에서는 일주일에 책 한 권을 읽고 토론한다. 대한민국 평균보다 11배 이상의 시간을 독서에 투자하는 셈이다. 가슴이 뜨거운 사람들이 모일 수밖에 없다.

독서 모임에 참석하면서 필사 힘이 한 차원 높아졌다. 만남은 2시간이지만 준비는 일주일 동안 이뤄진다. 토론을 염두에 두고 필사를 하다 보니 부가적으로 기록하는 게 많아졌다. 과거 필사록을 뒤져 연결할 내용을 확인한다. 옛사람의 통찰이 궁금해져 한자를 찾고 그 어원을 들여다보는 경우가 잦아졌다. 필사를 완료하면 세 가지 키워드를 찾고 다시 세 가지 화두를 정리한다. 되도록 책을 들춰보지 않고 내가 읽고 소화한 내용을 말로 표현하고자 준비한다. 이전보다 한 권을 읽어내는 데 더 많은 에너지가 든다. 기분 좋은 힘듦이다.

책 읽는 사람의 두뇌 하나하나가 집단 지성이다. 꼭 다수가 모여야 집단 지성을 형성한다고 생각하지 않는다. 시공간을 초월한 위대한 이들의 경험과 깨달음, 지혜가 책에 담겨있다. 늘 책을 곁에 둔 사람의 두뇌야말로 집단 지성의 플랫폼 아니겠는가. 그 플랫폼들이 다시 연결되는 곳이 바로 독서 모임이다. 각자의 분야에서 최선을 다한 후 주말 아침 늦잠을 반납하고 모인 사람들이다. 집단 지성 간 스파크가 튀고 번뜩이는 아이디어가 교차한다.

독서 모임 덕분에 일상이 변했다. 회원 중 독창적인 다이어트 프로그램을 창안한 코치님 덕에 그 어느 때보다 건강한 몸을 만들었다. 필사량이 늘면서 더 나은 기록과 관리 체계가 필요했다. '세컨드 브레인 시스템'의 탄생은 독서 모임에서 출발했다고 해도 과언이 아니다. 일주일 동안 허투루 쓰는 시간이 줄었다. 책을 출간해 보겠다는 결심 또한 이곳에서 시작되었다. 꿈을 심고, 싹틔우고, 이루어가는 공간이 바로 이곳이다.

인생 업그레이드 프로젝트 참여자들이 모였다. 나이와 무관하게 언제나 꿈꾸는 사람들이다. 긍정과 확신이 가득하다. 자기 삶 전부를 기꺼이 책임지겠다고 선언한 분들이다. 어떻게 이 사이에서 게으름을 피우겠는가. 다섯 명의 백만장자와 어울리다 보면 여섯 번째 백만장자가 된다고 했다. 꿈을 향해 비상하는 사람들 곁으로 다가가라. 성장하기 위해 기꺼이 도움을 요청하자. 그들을 도울 수 있도록 능력을 키우자. 내 삶의 업그레이드를 위해 공격적으로 덤벼들자.

조금이라도 필사해보고픈 마음이 있다면 바로 독서 모임에 나가보라. 그 자체로 필사의 원동력이 될 것이다. 나아가 행동력이 좋아질 것이다. 생각과 행동이 동기화된 삶, 이게 바로 '초필사력'의 지향점이다. 묵묵히 노력하되 다른 이들과 함께하자. 성장의 범위를 자기 생각만으로 한계 짓지 말자.

"순간의 선택이 평생을 좌우합니다."

이 말을 증명하는 '그 순간'이 각자의 삶 속에 자리 잡고 있다. 그땐 전혀 몰랐다. 그 사소한 한 문장 따라 쓰기가 전혀 다른 세상으로 날 인도할 줄 누가 알았겠는가. 익숙한 대상엔 설렘이 없다. 떨림이 없으니 울림 또한 없는 게 당연하다. 알 수 없기에 두렵다. 정해진 게 없기에 내 뜻대로 만들 수 있지 않을까?

작은 도전을 감행하자. 날마다 심장의 위치를 확인하자. 평범한 사람의 인생 변화 이야기에 마지막까지 시간을 내 준 당신에게 감사의 마음을 전한다. 조금이라도 필사의 마음을 불러일으켰다면 모두 당신의 의지가 만들어 낸 성과다.

펜을 들자. 노트를 펼치자. 책장을 넘기고 필사에 빠져보
자.

필사가 안겨준 가장 큰 선물

표현에 서툰 나였다. 속마음을 말하는 게 어색했던 오랜 시간을 기억한다. 필사 노트에 써 내려간 독백이 쌓여갔다. 감정을 표현하는 데 서서히 자신감이 생겼다. 소중한 이에게 마음을 전해야 할 때 이제 행동한다. 올해 아홉 살 생일을 맞은 아들에게 난생처음 편지를 건넸다. 편지를 다 읽고 아들이 웃으며 기분이 좋아진다고 말했다.

태건아, 아빠야.

2015년 1월 16일 새벽 12시 58분 네가 태어난 지 오늘로 딱 9년이 지났어. 이제 글도 읽고 자기 의사도 분명히 표현할 줄 아는 나이가 되었네. 아홉 살, 참 시간 빠르다. 생일을 맞아 널 생각하는 아빠 마음을 담아 보고자 한다.

태건아, 네 인생 9년은 어땠어? 어떤 기억들로 채워졌는지 궁금하다. 아빠는 너의 처음을 함께 할 수 있어 행복했다.

개봉역에서 네가 처음 지하철을 보는 순간을 지켜봤어. 놀란 눈으로 전철을 보다 출발과 동시에 뛰어가는 널 뒤쫓았어. 맑은 눈동자를 이리저리 굴리며 혼잣말하는 네가 주변 모두를 웃게 했다. 아빠가 널 꼭 껴안았다. 내가 너에게 안겨있는 느낌이었다.

김포공항에서 비행기 이륙을 봤던 때도 기억나. 저 멀리 비행기가 떠오르는 모습에 넌 넋을 잃은 듯했어. 얼굴을 창에 바짝 붙이고 비행기에 시선을 떼지 못했지. 하늘로 올라가는 비행기를 보며 너와 함께 떠나는 여행을 떠올렸다. 상상하는 것만으로도 행복했다.

용문 태건이 집 살 때, 쉬자 파크에서 잔디 썰매 타던 날도 생생하다. 아빠 소처럼 널 끌고 다녔고 네 웃음은 끝이 없었어. 그 소리가 에너지였다. 잔디 비탈길을 수십 번 오르내려도 마냥 신났다. 종목을 바꿔 놀이 기구가 있는 곳으로 가는 길에 꽃을 봤다. 꽃에 코를 대며 아빠도 말했어.

"음~ 향기 좋다!"

너도 그대로 따라 하더구나.

"음~ 향기 좋다!"

기억나? 그 순간이 아빠 인생에서 가장 진한 향기로 남아 있
다.

곁에 있기만 해도 행복을 주는 사람! 넌 그런 아이야. 무슨 일
이 있어도 항상 널 지지하는 아빠가 있다는 걸 기억해.

태건아, 꿈꾸는 대로 미래는 펼쳐질 거야. 원하는 대로 마음
껏 살길 바란다. 딱 지금처럼만 하루하루 지내면 된다. 아빠가
곁에서 함께할게.

생일 축하해, 아들. 늘 건강해야 해.

2024년 1월 15일(월) 12:58

능곡도서관 2층 종합 열람실 창가 책상에서

- 아빠가

북큐레이션 • 당신의 마인드와 비즈니스를 새롭게 바꿀 라온북 추천 실용도서

《초필사력》과 읽으면 좋은 책. 생각의 패러다임, 인생의 패러다임, 비즈니스의 패러다임을 바꾸는 라온북의 도서를 소개합니다.

MZ 리더가 바라본 MZ세대 경영법

MZ를 경영하라 : MZ세대 리프레임

김가현 지음 | 18,000원

**대한민국 기업 경쟁력의 한 축이 된 MZ세대,
다르지만 특별한 MZ 직원의 경쟁력을 더욱 높이는 법!**

MZ도 늙었다며 심지어 '잘파'를 분석하는 세상이 되었다지만, 달리 생각해 보면 이제 MZ는 이 사회의 중심축으로 확고하게 자리 잡았으며, 이들과 함께 최상의 직무효율성을 달성해야 곧 성공하는 조직, 기업의 운영이 가능한 현실이라는 반증이다. 대한민국의 허리 세대를 점차 대체해 가고 있는 MZ, 그리고 이전의 X세대와는 너무도 다른 이들의 직장생활, 사고방식을 '아는' 차원을 넘어서서 그들의 방식으로 조직을 리프레임해야 경쟁력 있는 기업이 될 수 있다. 이 책《MZ를 경영하라 : MZ세대 리프레임》에서는 같은 MZ세대이면서도 MZ 경영의 리프레임을 실현하는 저자의 노하우가 고스란히 담겨 있다.

혁신을 가져오는 '3P' 영업 비법

300% 강한 영업

황창환 지음 | 14,000원

**내 기업의 강점은 살리고 매출을 올리고 싶은가?
강한 기업을 만드는 강한 경영자가 되는 비밀을 담았다!**

3년 적자 기업을 신규 고객 창출로 흑자 전환한 경험, 2년 만에 40개가 넘는 신규 지점을 개설한 경험, 폐점 직전이었던 매장의 영업 실적을 50% 이상 증대시킨 경험, 정체되어 있어 있던 매출을 두 자릿수로 성장시킨 경험 등 저자의 실제 영업 성공 사례와 생생한 노하우를 한 권에 담아냈다! 언제 어디서나 기업에 혁신을 일으킬 수 있는 영업 비법을 손에 쥐고 싶은가? 시대와 시장의 흐름에 영향받지 않는 지속적인 매출과 경영 성과를 얻고 싶은가? 그렇다면 지금 당장 강한 기업이 되기 위한 첫 번째 관문, 바로 '강한 영업'을 시작하라.

경기 침체와
기업의 대응 전략

비욘드 리세션

이석현 지음 | 25,000원

**전 세계적으로 엄습하는 경기침체의 파고를 넘어
또 다른 성장의 기회를 잡아라!**

이 책 《비욘드 리세션》은 그런 면에서 기업 CEO들이 나무가 아닌 숲을, 눈앞의 포말이 아닌 멀리서 다가오는 파도의 흐름을 바라보며 대비하게 해주는 책이다. 분명 곳곳에 경기침체의 징후들이 가득하며, 이에 대비해야 하지만, 위기의 파고를 넘었을 때의 성장 동력을 재무장하는 방법이 이 책 《비욘드 리세션》에는 함께 제시되어 있다. 동전의 양면을 둘 다 놓치지 않는 지혜가 이 시대 기업인들에게 더욱 요구되는 것처럼, 경기침체와 그 극복 후의 성장과 반등을 동시에 생각할 줄 아는 혜안이 이 책을 통해 길러지리라 생각한다.

불황을 돌파하는
비즈니스 전략 통찰
34가지

턴어라운드 4.0

이창수 지음 | 17,000원

**하이 아웃풋(High Output)을 만들어
기업의 턴어라운드를 발생시키는 전략 통찰법!**

《턴어라운드 4.0》은 기업의 멋진 항해를 도와주는 도구인 환경과 시스템을 구축하기 위해 기업과 경영인이 갖춰야 할 전략과 통찰을 정리한 책이다. 저자의 30년의 경험이 녹아 있는 기업의 턴어라운드 프로세스는 언제 사라져도 이상하지 않은 부실기업을 '강력한 기업'으로 재탄생시켜줄 수 있는 비결을 상세히 알려준다. 어려운 상황에서도 기업의 성공과 발전을 달성할 수 있도록 미래를 정확하게 예측하고 철저히 기획하는 데 이 책이 큰 도움이 될 것이다.